LAGOM

NIKI BRANTMARK
créatrice du blog *My Scandinavian Home*

LAGOM

(Le juste équilibre)

Le nouvel art de vivre suédois

Traduit de l'anglais (Royaume-Uni) par
Thibaud Eliroff

HarperCollins

Titre original :
LAGOM : *The Swedish Art of Living a Balanced, Happy Life*

Ce livre est publié avec l'aimable autorisation de HarperCollins Publishers, Limited, UK.

HARPERCOLLINS FRANCE
83-85, boulevard Vincent-Auriol, 75646 PARIS CEDEX 13
Tél. : 01 42 16 63 63

www.harpercollins.fr

ISBN 979-1-0339-0181-5

HarperCollins Publishers Since 1817

Pour ma famille, qui me rappelle les choses
importantes de la vie

SOMMAIRE

Introduction au lagom

Il y a quatorze ans, un ami suédois m'a invitée pour les vacances d'été.

Au programme de ces longues journées, gaufres maison à la confiture de fraise, et bains de mer et de soleil sur la côte ouest de la Suède. L'insouciance et la simplicité étaient les maîtres mots. Nous n'avions aucun emploi du temps, pas de repas compliqué à préparer, et le travail était à mille lieues de notre esprit. Il s'agissait seulement de prendre notre temps, de profiter de la douceur du climat et des bienfaits de la nature, entourés d'amis et de parents. Les conditions idéales à la naissance d'une histoire d'amour – pas seulement avec celui qui deviendrait mon mari, mais aussi avec l'art de vivre suédois.

Ce mode de vie plus calme et sans souci m'a captivée. Et lorsque, un an plus tard, il a fallu décider qui, de mon époux ou de moi, allait faire le « grand saut » pour rejoindre l'autre, j'ai couru jusqu'à l'aéroport avant d'avoir dit *Jag !* (« Moi ! »).

En m'installant dans ma nouvelle vie, j'ai pris conscience du fait que cette sérénité ne s'appliquait pas qu'aux vacances. Au travail, rien de plus naturel que de faire régulièrement une *fika* (une pause avec un café et un en-cas quelconque). Les enfants rentrent deux ans plus tard à l'école primaire (par rapport aux standards britanniques[I*]). Et des fêtes comme Noël ou le solstice d'été ne sont guère qu'un prétexte pour se retrouver. En d'autres termes, nos amis scandinaves prennent le temps de bien faire les choses – d'une façon merveilleusement simple.

* Toutes les notes en chiffres romains sont du traducteur. Elles sont rassemblées en fin de volume.

C'est lors d'un dîner dans ma ville d'adoption de Malmö que j'ai découvert la philosophie qui se cachait derrière cet art de vivre.

— Connais-tu le mot *lagom* ? m'ont demandé mes nouveaux amis. Il n'existe aucune traduction en anglais, ont-ils ajouté fièrement.

— Ça veut dire « parfait » ? ai-je tenté.

— Non, pas parfait… Plutôt « juste ce qu'il faut », ont-ils expliqué en échangeant des hochements de tête entendus.

Lagom, qui se prononce comme *la gomme*, est un concept général profondément enraciné dans la psyché suédoise. Souvent inexactement traduit par « la modération en toute chose » ou « ni trop ni trop peu », l'objet du lagom est de trouver un équilibre qui vous correspond. La température de l'eau peut être lagom. Tout comme votre charge de travail ou la longueur de votre pantalon. C'est un mot qu'on peut utiliser dans presque tous les contextes, et c'est aussi cela qui le rend fascinant.

Il est communément admis que le terme, d'origine viking, dérive de l'expression *laget om* (« à chaque homme son dû »). On raconte que, lorsqu'un bol ou une corne d'hydromel passait à la ronde, il importait que tous les membres de l'équipage en prennent une part équitable afin qu'il y en ait assez pour chacun. Les Vikings ne sont pas nécessairement un exemple en matière de moralité, mais il faut reconnaître qu'ils tenaient là quelque chose. De nos jours, le lagom est étroitement lié à la culture suédoise et à sa tradition de justice et d'égalité. Quoique férocement attachés à leur indépendance, les Suédois ont aussi la réputation de savoir unir leurs efforts pour le bien commun. Prendre sa « juste part », c'est s'assurer que personne n'amasse trop et qu'aucun n'est laissé pour compte.

Qu'il s'agisse du travail, des loisirs, de la famille, des amis, des vacances et des fêtes, de la décoration intérieure ou de l'écologie, les Suédois emploient souvent l'adage *Lagom är bäst* – « point trop n'en faut. »

Ce qui ne les empêche pas de faire quelques excès. Si vous avez déjà assisté à une fête du solstice en Suède ou bu une tasse de leur café fraîchement moulu (et outrageusement corsé), vous voyez ce que je veux dire. Simplement, les Suédois ne s'infligent aucune abstinence ensuite. Ils se contentent de continuer à apprécier les choses avec modération (jusqu'à la prochaine bamboche).

En recherchant activement un mode de vie plus raisonné, plus confortable et plus équilibré, on soulage de la pression non seulement nos épaules, mais également celles des autres. Et on y gagne la plus précieuse des ressources : le temps.

Dans un monde où nous sommes débordés, connectés vingt-quatre heures sur vingt-quatre, sept jours sur sept, ne serait-il pas formidable de mettre la pédale douce, de se débarrasser du stress et de consacrer plus de temps à ce que nous aimons ?

Nul doute que vous appliquiez déjà sans le savoir la philosophie lagom à certains aspects de votre vie. Cependant, j'espère que les quelques idées contenues dans ce livre vous aideront à l'étendre consciemment à tous les domaines de votre existence. D'une façon qui vous correspond. En apportant de subtils changements à votre quotidien, vous trouverez un meilleur équilibre et dégagerez du temps pour les choses qui comptent. Même s'il ne s'agit que d'une *fika !*

1

Le lagom dans votre vie

Un intérieur lagom

Charité bien ordonnée commence par soi-même, et donc par sa maison. Des recherches montrent que notre environnement affecte notre niveau de stress[1*] et, par conséquent, notre bien-être physique. Après tout, la maison est l'endroit où débute et où se termine notre journée. Et, à mes yeux, s'il est un domaine où les Suédois ont vraiment réussi, c'est bien celui-ci. L'intérieur scandinave typique est l'essence même du lagom. Il n'est ni trop vide ni trop encombré. Autrement dit, les Suédois ont trouvé le juste équilibre. Mais comment ?

* Toutes les notes en chiffres arabes sont de l'auteur. Elles sont rassemblées en fin de volume.

Au chapitre de la décoration, nos amis nordiques font preuve d'une grande retenue. Les murs sont souvent blancs ou gris clair. Non seulement ces teintes discrètes éclairent l'espace, mais elles créent un formidable sentiment de sérénité. Rien de violent, de tape-à-l'œil, aucun motif pesant – juste du calme.

Les meubles et les accessoires sont eux aussi soigneusement choisis, tant pour leur aspect pratique qu'esthétique. Ils ne comportent aucun élément superflu, aucune fioriture, et leur design n'a rien de compliqué. Les bibelots sont placés à distance les uns des autres pour créer une respiration et permettre à l'observateur d'apprécier la beauté de chacun d'eux. En définitive, la maison devient une petite oasis, un havre de paix face au monde extérieur.

PROPRE ET ORDONNÉ

En règle générale, les Suédois ont un don naturel pour l'ordre. Ils vivent avec peu de choses et ne stockent rien. Si l'on souhaite embrasser un mode de vie simple, équilibré et lagom, il faut d'abord se débarrasser de tout ce qui encombre notre intérieur.

Vous devez faire du vide si…

+ Vous avez un placard, voire une pièce, plein d'objets que vous n'utilisez jamais.

+ Vous souhaitez avoir une pièce en plus pour stocker votre bazar.

+ Il vous faut plus de cinq minutes pour trouver ce que vous cherchez.

+ Vous êtes stressé à l'idée de recevoir des amis (ou pire, de les voir débarquer à l'improviste), car cela implique de devoir tout ranger avant leur arrivée.

+ Vous possédez des objets que vous n'utilisez jamais ou qui ne vous apportent aucun plaisir.

Si vous avez déjà la chance de vivre dans un petit havre bien ordonné, alors félicitations ! Vous êtes sur la voie du lagom (de ce point de vue, du moins). Mais si vous vous reconnaissez dans une des situations ci-dessus, il vous reste du travail.

Désencombrer

Beaucoup d'entre nous ont le tort de posséder trop. Ce placard plein de photos prises en 1984, de vieux téléphones mobiles gros comme des briques, de clés de l'abri de jardin d'une maison qu'on n'habitera plus jamais… Nous sommes devenus un peuple de thésauriseurs, car, reconnaissons-le, il est très dur de se débarrasser de ce qui nous appartient. Peut-être avez-vous acquis toutes ces choses à un moment où vous en aviez besoin. Certaines d'entre elles portent probablement encore une étiquette de prix, et vous culpabilisez à l'idée de les jeter. Ou bien vous les avez reçues en cadeau ou en héritage et vous ne pouvez vous résoudre à vous en débarrasser. Quelle qu'en soit la raison, ces objets encombrent votre intérieur et nuisent à votre bien-être.

Entre autres effets négatifs résultant du stockage, les chercheurs relèvent la distraction, l'anxiété, la culpabilité, l'embarras et la frustration. Sans compter que le bazar nous empêche de nous détendre et bride notre créativité. *Argh !*

Enfin, désencombrer constitue un excellent exercice de volonté et de self-control, difficile mais loin d'être impossible. Et cela peut également être incroyablement thérapeutique. Non seulement vous en tirerez des bénéfices immédiats en termes financiers, émotionnels et physiques, mais vous ferez un pas vers la satisfaction d'avoir un intérieur parfaitement ordonné. Alors, au boulot !

« N'ayez rien chez vous qui ne vous soit utile ou que vous ne trouviez beau. »

William Morris

AME FOR LIFE
ILSE
CRAWFORD

Dix conseils simples **pour faire du vide**

Dressez une *to-do list* de désencombrement et rayez chaque tâche une fois celle-ci accomplie.

Consacrez dix minutes chaque jour à une tâche (un pas après l'autre, cher ami).

Occupez-vous d'une seule pièce à la fois et rangez les objets dans trois boîtes : « À garder », « À donner » et « À jeter » (jamais de boîte « Peut-être » – je parle d'expérience !).

Suivez la règle « Un qui rentre, un qui sort » – pour chaque objet acheté, débarrassez-vous d'un autre.

Remplissez un sac par jour d'objets dont vous n'avez plus besoin.

Réduisez l'espace où le bazar peut s'accumuler – définissez par exemple un contenant pour les affaires de toilette, un dossier pour les paperasses. Si de nouveaux objets n'y entrent pas, c'est qu'il est temps de reconsidérer le contenu de votre espace et de vous débarrasser de quelque chose.

Sortez tout ce qu'il y a dans votre garde-robe. Ôtez cinq cintres et rangez le tout par ordre de préférence. Tout ce qui n'a pas de cintre peut être donné.

Créez une boîte à souvenirs ou utilisez un parapheur pour les dessins de vos enfants et autres objets à valeur sentimentale.

Installez un panier ou un sac au pied de l'escalier – ou dans tout autre endroit où le bazar s'accumule – et remplissez-le peu à peu. Une fois qu'il est plein, faites le tri et rangez chaque objet à sa place.

Astreignez-vous à traiter les papiers sitôt qu'ils arrivent, qu'il s'agisse de les classer, de les recycler ou de toute autre action.

MEUBLER VOTRE INTÉRIEUR, FAÇON LAGOM

Les Suédois ont un don inné pour meubler leur maison ou leur appartement de manière pratique, agréable à l'œil et bon marché. Le secret, ai-je découvert, consiste à se poser et à prendre le temps de chercher ce qui aura le plus de sens, comme un confortable fauteuil ergonomique pour lire paisiblement, des plantes qui aident à purifier l'atmosphère ou un élément de décoration qui vous donnera le sourire.

En entrant chez un Suédois, vous découvrirez probablement une sélection de meubles ordinaires, vintage ou d'occasion, voire récupérés ou faits main, et des petits trésors de la nature, comme des plantes, des pierres, des coquillages ou des pommes de pin. Les matériaux sont bruts, les formes indémodables.

En achetant moins et en choisissant consciencieusement ce qu'on met chez soi, chaque chose a l'espace nécessaire pour briller et raconter son histoire. Et, parce qu'il aura fallu de la patience pour trouver tous ces beaux objets chargés de sens, vous les chérirez durant des années – ainsi que les générations futures !

« Nouveau » ne veut pas nécessairement dire « mieux »

Étant d'un naturel curieux (et amatrice d'intérieurs), imaginez mon ravissement quand j'ai appris que les Suédois avaient pour coutume de vous faire visiter leur maison lorsque vous vous rendez chez eux pour la première fois. Lors de ces visites, j'ai été frappée par leur capacité à mélanger les styles. J'admire tout particulièrement ceux qui parviennent à trouver l'équilibre idéal entre vintage et modernité. Cette façon très subtile de décorer est parfaitement en phase avec l'état d'esprit des Suédois. Une onéreuse lampe ou un fauteuil de designer seront contrebalancés par une crédence années 1950 : ni trop « m'as-tu-vu » ni trop bohème. Si vous aimez les meubles de designer, sachez faire preuve de modération.

Pour moi, rien ne rend un intérieur plus cosy (ou *mysigare*, comme on dit là-bas) et unique que les meubles vintage. Non seulement ils nous racontent une histoire, mais ils soulagent également notre conscience écologique. Et c'est fou, tout ce qu'on peut trouver d'occasion pour trois fois rien. L'adage « Ça fait plaisir à qui ça débarrasse » n'a jamais été aussi vrai !

Six conseils pour **bien acheter d'occasion**

Dressez une liste (ou deux) des brocantes, marchés aux puces et vide-greniers de votre quartier. N'hésitez pas à regarder plus loin, car les meilleures affaires se font souvent dans les petits marchés aux puces de province. Notez ce dont vous avez besoin.

Vérifiez l'état de l'objet par vous-même afin d'en repérer les défauts. Si c'est impossible, exigez des photos de toutes les imperfections et demandez des informations sur l'état (ou le fonctionnement) de l'objet.

Prenez les mesures de l'endroit où vous comptez l'installer et emportez-les avec vous.

Restez ouvert. Vous ne trouverez sans doute pas exactement ce que vous cherchez, mais peut-être autre chose qui sera tout aussi fantastique.

Arrivez tôt et munissez-vous de liquide. Les meilleures affaires partent les premières, donc tenez-vous prêt à acheter immédiatement. Si vous n'êtes pas sûr d'un prix, comparez-le en ligne avec d'autres articles similaires.

Voyez ça comme une excursion. Si vous ne trouvez rien, ça restera une agréable petite virée.

Chester

Passez au convertible

S'il est une marque qui incarne parfaitement le lagom, c'est IKEA – société fondée, bien évidemment, en Suède. Fidèles à l'idée de « créer de meilleures conditions de vie pour le plus grand nombre », les meubles du géant scandinave, qui cachent leur fonctionnalité sous un design simple, sont célèbres pour leur facilité de montage et leur rapport qualité-prix imbattable.

IKEA n'est pas la seule entreprise à produire des pièces de plus en plus multifonctions. Il n'est pas rare aujourd'hui de voir un canapé intégrer un espace de rangement et se transformer en lit, ou une table d'appoint avoir un plateau amovible et une corbeille pour les magazines. En investissant dans ce type de mobilier, vous en achetez moins (et donc dépensez moins) et vous obtenez une maison plus modulable.

Pensez pratique

Votre intérieur se doit d'être hautement fonctionnel pour que vous puissiez vous y sentir épanoui et détendu. Avant toute chose, il doit être facile à vivre. Les Suédois excellent à définir des zones précises pour se détendre, manger ou dormir – même dans les logements les plus confinés. Réfléchissez à vos besoins et essayez de dédier un espace (même petit) à chacune de vos activités. Vous optimiserez peut-être la place disponible.

Réveillez le menuisier qui sommeille en vous

Le DIY[II], option la moins chère, fait partie du mode de vie lagom. Mon mari a posé notre parquet sans trop pousser de jurons, et il arrive souvent que l'une ou l'autre de mes amies dégaine sa boîte à outils quand il y a quelque chose à réparer. J'ai beau n'être qu'une bricoleuse du dimanche, je trouve le DIY libérateur et étonnamment source de satisfaction et d'apaisement. Si ce n'est pas encore le cas, je vous invite à vous procurer une boîte à outils de toute urgence, à consulter des tutoriels en ligne et à laisser s'exprimer vos talents de menuisier !

CRÉER
UN MUR D'OUTILS

Si vous aimez garder vos outils à portée de main, monter un mur à cet effet dans votre bureau ou votre garage est non seulement extrêmement pratique, mais aussi décoratif. Vous n'aurez besoin que d'un tableau marquoir – que vous pouvez vous procurer dans n'importe quelle grande enseigne de bricolage – et d'accessoires permettant de tout suspendre, des ciseaux ou du rouleau de scotch jusqu'aux ustensiles les plus lourds. Le créatif en vous vous remerciera !

Devenez habile de vos mains

Je suis sans cesse étonnée par la créativité des Suédois – ils sont vraiment doués pour surcycler ou fabriquer à partir de rien. Cuisiner ou pâtisser est une chose, mais certains des objets que mes amis bricolent sont impressionnants. Coussins tricotés, plateaux faits main, et même des lampes et des cuisines entières naissent de leur perceuse experte.

Voyez-vous, les travaux manuels sont inscrits dans le code génétique suédois. Enfants, ils voient leurs parents créer de leurs mains, puis ils affûtent leurs compétences à l'école où chacun apprend à coudre, cuisiner et travailler le bois. De nos jours, on appelle ça le « *slow living*[III] », un antidote à nos vies effrénées. Les tâches créatives sont non seulement incroyablement apaisantes, mais thérapeutiques et hautement gratifiantes. Voici quelques idées créatives à mettre en application chez soi :

Une simple rénovation

Vous envisagez de jeter une table ou un buffet ? Pourquoi ne pas lui donner un coup de peinture ou de nouvelles poignées ? Changer sa couleur pourrait bien lui donner l'aspect que vous recherchez et, avec quelques accessoires en cuir ou en céramique, ce meuble rénové peut instantanément renouveler votre espace.

CRÉER UN VASE
À PARTIR D'UNE AMPOULE ÉLECTRIQUE

Voici une idée bricolage esthétique, facile à réaliser et gratuite !

Il vous faut :

+ un masque de protection
+ une pince
+ un tournevis
+ une ampoule
+ des ciseaux
+ de la ficelle ou du fil de pêche

1. Enfilez votre masque, puis, avec la pince, ôtez le plot central (contact électrique) de votre ampoule.

2. Avec le tournevis, brisez délicatement l'isolant à la base de la vis métallique et retirez les morceaux.

3. Toujours avec le tournevis, descellez tout ce qui se trouve à l'intérieur de l'ampoule.

4. Avec la pince, élargissez l'orifice de verre à l'intérieur de la partie métallique en prenant bien soin de ne pas briser l'ampoule. Puis sortez tout le contenu de celle-ci.

5. Coupez la ficelle à la longueur désirée et attachez-la à la vis métallique.

6. Remplissez l'ampoule d'eau et de fleurs coupées (ou de toute autre décoration qui vous inspire) et accrochez votre nouveau vase à la fenêtre.

COSY ET PROCHE DE LA NATURE

On croit souvent que le minimalisme est froid et peu attirant. Mais avec un peu de créativité c'est une idée reçue facile à surmonter. Comme vous pouvez l'imaginer, les Suédois en ont fait un art, dont le secret repose en grande partie sur l'usage de la nature. Avec les hectares de forêt préservée, de littoral et de montagne que comporte le pays, les textures naturelles sont légion dans les demeures suédoises. Pensez à des matériaux singuliers au toucher, comme le bois, le cuir, le feutre, la laine et la pierre. On drapera les dossiers des fauteuils de peaux de mouton ; on gardera des couvertures de laine à portée de main en cas de courant d'air ; on disposera des tapis de coton sur le sol.

Décorez votre intérieur en vous inspirant des Suédois et n'hésitez pas à ajouter des matières naturelles dans différentes textures et différentes formes. Vous serez étonné de constater comment une simple table basse en bois ou une peau de mouton peuvent réchauffer une pièce meublée de manière minimaliste.

Faire entrer la nature chez soi

Si vous souhaitez vraiment miser sur les éléments naturels, vous pouvez aller collecter des fleurs sauvages, des plumes, des brindilles, des pommes de pin, des pierres, des coquillages ou tout autre élément que recèlent les plages, les bois ou même les fissures du macadam. Disposez-les sur un rebord de fenêtre, une étagère ou au centre de votre table pour créer une connexion instantanée avec la vie sauvage et induire une sensation de calme et d'équilibre.

Six plantes d'intérieur **increvables**

Chez un Suédois, vous trouverez toujours quantité de plantes alignées sur le rebord de la fenêtre ou rehaussant le moindre recoin. On ferait bien de s'en inspirer. Des études ont montré qu'une seule plante dans une pièce fait baisser le stress, absorbe les toxines nocives et purifie l'atmosphère. Elle peut également améliorer votre humeur, accroître votre productivité[2], stimuler votre concentration et votre mémoire et, enfin, vous rendre plus heureux. C'est aussi une merveilleuse façon de mettre de la vie dans la maison.

+ Hévéa

+ Langue de belle-mère

+ Dragonnier de Madagascar

+ Aloe vera

+ Chlorophyton chevelu

+ Figuier lyre

Plus qu'une simple plante

Pour beaucoup, les plantes ne sont pas qu'un morceau de verdure, mais de véritables amis. Je suis un peu gênée de le dire, mais nous avons donné des noms à certaines de nos plantes, et d'après ce que je sais de mon entourage, nous ne sommes pas les seuls. Notre plante la plus précieuse provient d'une bouture d'un arbrisseau du grand-père de mon mari. S'il nous a, hélas, quittés depuis longtemps, il survit un peu de cette manière.

Pourquoi ne pas demander une bouture à un ami ou à un parent, ou en offrir une pour marquer une occasion ? Non seulement c'est gratuit, mais un tel cadeau est chargé de souvenirs. Et, qui sait, peut-être survivra-t-il durant plusieurs générations ?

Faites simple

Plutôt que d'exhiber un énorme bouquet, songez à ne mettre qu'une seule fleur dans un vase. Vous serez mieux à même d'en admirer la forme et les couleurs délicates.

Au-delà du vase

Vous recevez du monde ? Et si vous colliez quelques fleurs de votre jardin au mur pour lui donner une touche naturelle de saison ?

Ou alors, si vous voulez quelque chose de moins éphémère, cueillez une sélection de vos feuilles préférées et disposez-les entre les deux verres d'un cadre transparent. Elles orneront avantageusement un mur ou un rebord de fenêtre.

« Une modeste fleur est parfois plus éloquente qu'un bouquet. »

Ikka Suppanen, designer finnois chez be&liv

TROIS FAÇONS CRÉATIVES
DE CHANGER LA NATURE EN SOUVENIRS

Aller à la rencontre des merveilles de la nature est une chose fantastique, mais vous pouvez en percevoir les bénéfices même lorsque vous êtes coincé chez vous. Une étude réalisée par le Centre médical de l'université libre d'Amsterdam a conclu qu'il suffisait de regarder des images de nature pour faire baisser notre stress[3].

Voici quelques belles idées pour non seulement combattre le stress (si l'on en croit cette étude), mais aussi nous ramener à un endroit et à un moment magiques où nous nous sentions heureux et détendus.

+ **Exposez sur un mur** un montage des plus beaux couchers de soleil que vous avez vus en vacances. Inscrivez à côté de chaque cliché le lieu et la date où il a été pris, afin que votre mémoire vous y ramène chaque fois que vous le regarderez.

+ **Vous aimez le surf**, le *paddleboard* ou tout simplement les bains de soleil sur la plage ? Pourquoi ne pas rapporter un petit échantillon de sable, le mettre dans une bouteille en verre et écrire dessus d'où il vient ? Les différentes teintes de sable seront du plus bel effet et vous rappelleront ces jours sans souci au bord de l'eau.

+ **Accrochez une photo** d'un paysage qui vous inspire – une vue du littoral de votre enfance, des champs moissonnés ou une forêt que vous aimez arpenter le week-end.

QUE LA LUMIÈRE SOIT !

On ne s'étonnera pas que les Suédois – qui vivent dans un pays aussi célèbre pour son soleil de minuit que pour ses longs et sombres hivers – soient obsédés par la lumière. Quand, dans des pays plus chauds, on conçoit les maisons pour s'abriter du soleil, l'architecture et la décoration scandinaves cherchent, elles, à magnifier la clarté et à l'attirer à l'intérieur.

Rien ne vient obscurcir les fenêtres, et les rideaux se limitent à des voilages pour laisser entrer un maximum de luminosité. Les murs blancs ou gris clair la réverbèrent dans toute la maison. Là encore, les Suédois ont mis le doigt sur quelque chose d'essentiel. Il existe quantité d'études prouvant qu'une exposition à la lumière naturelle aide à réduire la dépression[4], optimise la récupération, augmente le bien-être au travail et accroît les performances. Alors, laissez entrer le soleil !

Que l'obscurité soit, elle aussi !

Avec toute cette lumière naturelle dans la maison vingt-quatre heures sur vingt-quatre en été, vous devez vous demander comment font les Suédois pour dormir. Mais si vous regardez de près les fenêtres, vous remarquerez qu'il y a toujours un store occultant prêt à être déroulé la nuit (pour avides de lumière qu'ils soient, les Suédois ne se priveraient jamais de leur sacro-saint sommeil !).

À l'heure des lumières

Promenez-vous dans une ville suédoise la nuit, et vous remarquerez que tous les restaurants, les cafés et les maisons sont éclairés par une jolie lumière chaude, aussi attirante que flatteuse à l'œil et apaisante pour l'esprit. L'aptitude naturelle des Suédois à illuminer leur intérieur d'une douce teinte dorée nécessite du temps et un certain dévouement, mais il existe quelques raccourcis. Si vous envisagez d'atténuer l'éclairage chez vous – ou si vous recevez dans un avenir proche un Suédois (qu'une lumière inadaptée fera grimacer comme un ours sortant d'hibernation) –, voici quelques conseils simples. Concentrons-nous sur l'éclairage ambiant, dans le but de créer une atmosphère chaude et engageante. La flamme d'une bougie est d'environ 1 500 K (kelvin) et la lumière du jour se situe aux alentours de 7 000 K, aussi vous faut-il des ampoules de 2 700 K pour obtenir une clarté ambrée comparable à celle d'un lever de soleil.

La bonne nouvelle, c'est que cette indication figure sur la plupart des emballages d'ampoules de type LED : le jaune rougeoyant suggère une lumière douce, tandis que le bleu indique un éclat plus intense adapté à des tâches spécifiques.

À présent que vous avez trouvé les ampoules idéales, voici l'astuce : laissez le haut de vos murs dans l'obscurité en plaçant des lampes de faible intensité dans des endroits stratégiques. Pour aller encore plus loin, vous pouvez dissimuler l'éclairage d'ambiance afin que la source reste invisible, cependant que le bas des murs et les coins de la pièce seront illuminés d'une douce lueur créant un sentiment intime et une touche de mystère.

Les températures de couleur sur l'échelle Kelvin

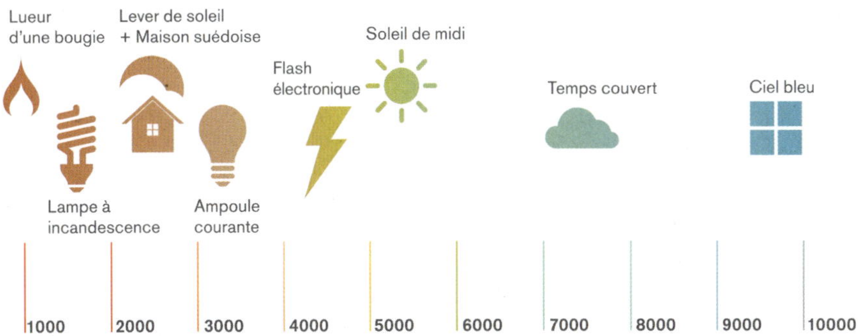

Un éclairage adapté

N'oubliez pas que les Suédois ont aussi un grand sens pratique. Par conséquent, il importe que l'éclairage d'une pièce soit adapté à son usage. Assurez-vous que chaque section de votre intérieur reçoive la lumière dont vous aurez besoin pour la tâche que vous lui réservez. En remplaçant vos interrupteurs classiques par des variateurs[5], vous pourrez utiliser la même lampe de plusieurs façons : faites baisser l'intensité pour une lumière d'ambiance, augmentez-la pour une tâche spécifique, comme la lecture.

À la bougie

Qui n'aime pas la lueur romantique et vacillante d'une bougie ? Cette lumière douce et chaude n'est ni trop sombre ni trop agressive pour les yeux, et souligne à la perfection les traits du visage. Pas étonnant qu'on en retrouve dans les restaurants, ou qu'on les utilise à chaque occasion spéciale, partout dans le monde.

En Suède, les bougies font partie du quotidien. On peut en placer une au centre de la table du petit déjeuner pour réchauffer un matin ombrageux. Il arrive aussi qu'on en allume une en complément de l'éclairage électrique les soirs de grand froid, quand la neige tombe silencieusement derrière les fenêtres.

Quand la lumière naturelle commence à se faire rare, pourquoi ne pas ajouter quelques bougies à des endroits stratégiques chez vous ? Placez-les autour de votre espace de vie, faites-vous un dîner aux chandelles tous les mardis, ou illuminez simplement un coin sombre, et vous verrez s'évanouir le stress de la journée.

Un intérieur lagom **grâce à la bougie**

Le café du matin à la bougie. Certains jours, le soleil semble peu décidé à se lever (surtout l'hiver). À la crèche de ma fille, ils prennent souvent le petit déjeuner à la bougie, profitant d'une ambiance calme et chaleureuse pour démarrer la journée. Pourquoi ne pas vous en inspirer ? Qui n'apprécierait pas une tasse de café à la lueur chatoyante de la flamme ?

L'art de disposer les bougies. Si l'on veut suivre l'étiquette, une table doit comporter au moins deux chandeliers à quatre branches. Mais les règles sont faites pour être transgressées, non ? Pour ma part, je préfère disposer aléatoirement des bougies chauffe-plats sur toute la longueur de la table. Les soirs d'été, suspendez-les dans des pots de confiture pour donner une touche de plein air joliment rustique.

Des bougies aux endroits inattendus. Elles n'ont pas besoin d'être réservées au salon ou à la salle à manger. Pensez à des emplacements plus insolites, comme le rebord du lavabo de la salle de bains – vos invitées seront agréablement surprises de se repoudrer le nez à la douce lueur d'une bougie.

Un accueil chaleureux. La prochaine fois que vous organiserez un dîner ou une fête, placez simplement de grandes bougies d'extérieur de part et d'autre de votre porte d'entrée. Vos invités ne s'en sentiront que plus chaleureusement accueillis.

PROPRE FOYER VAUT DE L'OR

Les visiteurs s'émerveillent toujours de la propreté des maisons suédoises. On y trouve rarement le moindre grain de poussière, sans parler de toiles d'araignée ou de traces de saleté (mes amis suédois les plus désordonnés s'esclafferont à la lecture de ces lignes, mais je maintiens néanmoins mon observation).

L'art de devenir un dieu ou une déesse du ménage mériterait un chapitre entier (et, étant donné mon approche, disons, plus détendue des choses, je ne serais pas la bonne personne pour l'écrire) ! Mais deux coutumes scandinaves particulièrement « propres » ont retenu mon attention…

Dehors, les chaussures !

S'il est un tabou en Suède, c'est bien de pénétrer dans une maison avec ses chaussures aux pieds. Que vous passiez prendre un café ou que vous soyez invité à un dîner très formel ne change rien à l'affaire. Lors d'une réception, vous verrez toutes les chaussures des convives alignées près de la porte, tandis que tout le monde converse en chaussettes.

À bien y réfléchir, c'est logique. Une étude indépendante menée par le cabinet britannique Rug Doctor a analysé un échantillon de ce qui se trouve sous nos semelles et a trouvé un nombre important de bactéries nocives, comme l'*E. Coli* et la salmonelle, ainsi que des traces d'excréments humains et animaux[6]. Sans parler de la boue, de la crasse et des germes communs.

Retirer vos chaussures est aussi un bon moyen de protéger votre parquet et vos tapis et, si vous avez des voisins, ils vous seront extrêmement reconnaissants de ne pas entendre le bruit de vos talons au-dessus de leur tête !

Comment bannir les chaussures de la maison ?

Comment s'assurer que chacun laisse bien ses chaussures à la porte ? Il existe des façons amusantes de résoudre le problème. Vous pouvez par exemple dédier un espace à cet effet dans l'entrée et y installer un panier contenant de confortables chaussons et d'épaisses chaussettes en laine à l'usage de vos invités. Votre maison restera non seulement propre, mais tout le monde s'y sentira à l'aise.

Au revoir moquette, bonjour tapis !

Vous ne verrez jamais de moquette chez un Suédois. « Mais c'est si chaleureux ! » fais-je observer. « Et parfaitement contraire à l'hygiène ! » répondent les Suédois. Et ils ont raison.

Passer un vigoureux coup d'aspirateur ou utiliser un produit nettoyant adapté sont les seules façons de garder une moquette propre. Alors qu'on peut facilement battre un tapis à l'extérieur, le mettre à la machine ou l'emmener au pressing. Sans compter que les tapis sont mobiles et changeables à volonté – *win-win !*

Le modeste tapis lirette

Dans une maison suédoise (particulièrement à la campagne), il n'est pas rare de voir une *trasmatta*, ou tapis lirette. Cette carpette traditionnelle, généralement tissée à la main à partir d'éléments de récupération provenant de vieux habits ou de chiffons, se trouve facilement dans le commerce. Pourquoi ne pas donner une seconde vie à vos tissus usagés en la fabriquant vous-même ? C'est très amusant et, si vous ne possédez pas de métier à tisser, vous pouvez la faire au crochet – YouTube ne manque pas de tutoriels pour vous guider.

Un régal pour les pieds

Si vous aimez fouler des matières douces et vivre dans une maison propre et sans poussière, n'hésitez pas à recouvrir entièrement votre sol de tapis. Restez dans des tons similaires, mais alternez les motifs pour créer un effet artistique.

Apaiser son esprit avec le lagom

Le sommeil est un processus naturel qui permet de se vider la tête et de soulager le corps et l'esprit. Si nous ne dormons pas assez, nous sommes moins efficaces et affectons notre santé et notre bien-être sur le long terme. Mais l'équilibre ne s'obtient pas uniquement par une longue nuit de sommeil. Depuis que je vis en Suède, je mesure combien ralentir et s'adonner à des occupations simples – comme le sauna ou les activités d'extérieur – permet de décompresser, de vivre le moment présent et d'apprécier les petites choses de la vie. J'ai aussi appris que des vacances rudimentaires, demandant peu de préparation et de budget, constituent un antidote efficace contre le stress du monde extérieur.

LE SOMMEIL

Passer une bonne nuit de sommeil ne s'improvise pas. Vous savez, quand vous vous réveillez reposé et impatient de démarrer la journée ? Je me suis laissé dire que plusieurs facteurs interviennent dans la création d'un rituel du coucher apaisant et, à mes yeux, les Suédois ont une réelle expertise en matière de chambre à coucher (n'oublions pas que leurs journées commencent effroyablement tôt).

Quel est leur secret ? Helena Kubicek Boye, psychologue suédoise et auteur de *The Art of Sleep* et *The Three Balloons*[IV] (un conte du soir pour les enfants), affirme qu'une préparation physique et mentale est nécessaire avant d'aller se coucher.

« Un esprit troublé fait un bien mauvais oreiller. »

Charlotte Brontë

COLORING
ZINE

Se mettre en condition

Ce que vous faites avant d'aller au lit est la clé d'un repos efficace. « Globalement, votre lit ne doit servir qu'au sexe et au sommeil », conseille Helena Kubicek Boye. Il vaut mieux bannir tout le reste de la chambre à coucher.

Je ne peux pas espionner mon ex sur Facebook avant de m'endormir ? Apparemment, non. Consulter votre fil d'actualité préféré sur les réseaux sociaux avant d'aller au lit a non seulement tendance à favoriser un syndrome FOMO[V], mais a un impact sur la profondeur de votre sommeil. Une récente étude norvégienne a révélé que la lumière des écrans affectait la capacité d'endormissement et la qualité du repos[7]. Les experts recommandent d'en éviter l'usage durant l'heure qui précède le coucher.

Se gaver de séries sur Netflix étant désormais proscrit, que pouvons-nous faire avant d'aller nous coucher ?

Activités recommandées

Kubicek Boye dresse une liste très complète dans laquelle on retrouve de bonnes vieilles recettes :

+ Lire un livre
+ Prendre un bain chaud
+ Écouter de la musique relaxante
+ Tricoter
+ Broder
+ Peindre (ou faire du coloriage créatif)
+ Se blottir contre un proche ou un animal de compagnie

Tenir un journal

Quand la lumière baisse, les pensées et les soucis de la journée nous reviennent à l'esprit. Les consigner dans un journal intime est une excellente manière de faire le point, de se débarrasser des inquiétudes et de se libérer la tête avant le coucher.

La *kvällspromenad*

`*mångata* (n.) : reflet scintillant de la lune dans l'eau semblable à un chemin.`

Les Suédois sont coutumiers de la *kvällspromenad*, la promenade vespérale – même ceux qui n'ont pas de chien. Il s'agit généralement d'aller faire le tour du quartier après le dîner. C'est une excellente façon de se détendre et, selon le temps, de faire baisser votre température corporelle, ce qui est propice au sommeil. De plus, si vous vivez près de l'eau, cela vous donne l'opportunité d'aller admirer la *mångata*.

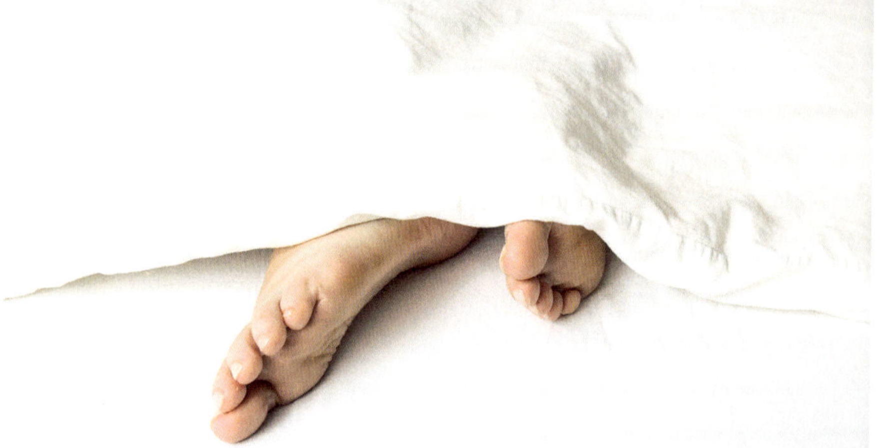

Cinq leçons pour dormir **comme un Suédois**

Au naturel. Les Suédois préfèrent les sous-vêtements au traditionnel pyjama – voire la tenue d'Adam ou d'Ève. Outre que leurs demeures sont parfaitement isolées, dormir dans le plus simple appareil permet de rester au frais, ce qui améliore la qualité du sommeil.

Diviser pour mieux ronfler. Dans une chambre d'hôtel en Suède, vous aurez la surprise de trouver deux couettes simples au lieu d'une double – j'ai d'ailleurs constaté que c'est le cas de tous les lits conjugaux suédois. Mes amis m'ont dit que cela permet à chacun de choisir une épaisseur de couette qui lui est lagom, et de découvrir un membre ou un autre sans déranger son voisin.

Ordre et beauté. Assurez-vous que votre chambre soit bien rangée et évitez les motifs compliqués aux murs.

Luxe, calme et volupté. Les chambres à coucher suédoises, avec leurs tons feutrés, leur ameublement minimaliste et leur style aérien sont une incarnation du calme. Choisissez du blanc ou du gris clair pour les murs, des draps en lin (idéal pour garder la fraîcheur en été et la chaleur en hiver), et des couches de textures naturelles pour les nuits les plus froides. C'est un espace de simplicité, une oasis de calme où se déconnecter du stress et des contraintes de la vie quotidienne.

La délicieuse obscurité. La production de mélatonine, l'hormone responsable du sommeil, est affectée par ce qui nous entoure. En chassant la lumière, vous dites à votre corps qu'il est temps de dormir. Utilisez des stores occultants et éteignez toutes les lampes.

LA BAIGNADE DU MATIN

Jouissant d'un littoral de 11 500 km (sans compter les îles) et d'environ 100 000 lacs, les Suédois – cela ne surprendra personne – aiment nager. Et, s'il est une chose typique de leur mode de vie, c'est bien le *morgondopp*, la baignade du matin. Plus communément pratiqué entre mai et septembre (encore que certains furieux s'y adonnent toute l'année), le *morgondopp* est en général la première chose que l'on fait en se réveillant, avant le café. Le baigneur enfile un peignoir et file sur le ponton local prévu à cet effet.

Le temps qu'on passe dans l'eau dépend de la température de celle-ci, qui s'avère être une obsession nationale. Un ponton dédié à la baignade ne serait pas complet sans son petit thermomètre accroché au bout d'une cordelette. Certains déterminent leur « saison de baignade » en fonction de cette donnée. Par exemple, mes beaux-parents, Inger et Bo, se jettent à l'eau à partir de 10 °C ! « Sitôt que je rentre dans l'eau, je me sens complètement éveillée et prête à en découdre avec ma journée, s'enthousiasme Inger. Il n'y a que vous et cette grande étendue d'eau. Et quand on sort, la chaleur du soleil et la fraîcheur de la brise sur la peau sont une expérience relaxante autant qu'une leçon d'humilité. »

Aucune excuse !

Vous n'habitez pas à proximité de la mer, d'une rivière, d'un ruisseau ou d'un lac ? Qu'à cela ne tienne. Essayez de terminer votre douche par un jet d'eau froide. Cela n'aura pas les vertus psychologiques d'une baignade en mer, mais vous n'en tirerez pas moins les mêmes bénéfices physiologiques. Et vous serez instantanément réveillé !

« Elle adorait la mer, enfin. Elle aimait respirer cet âcre parfum de sel, elle aimait ces horizons sans fin que la voûte azurée délimitait seule. Elle s'y sentait minuscule, mais libre aussi. »

George R. R. Martin,
Le Trône de fer[VI]

Cinq bonnes raisons d'aller **faire trempette le matin**

Améliorez votre immunité. Une étude tchèque a montré qu'immerger quotidiennement son corps dans l'eau froide augmente le taux de globules blancs dans le sang[8]. Ces derniers, responsables de l'immunité, vous rendent plus résistant.

Faites-vous un shoot naturel et soulagez les douleurs corporelles. Quand vous plongez dans l'eau froide, votre corps libère des endorphines en réaction à la brusque différence de température. Cet afflux agit comme un anti-inflammatoire, apaisant momentanément les douleurs.

Combattez les allergies. Ceux qui, comme moi, souffrent de rhume des foins seront ravis d'apprendre que l'eau de mer, décongestif nasal naturel, nettoie le pollen des canaux respiratoires sans irriter la peau.

Stimulez votre vie sexuelle. Si toutes ces raisons ne vous suffisent pas, sachez que s'immerger dans l'eau froide accroît la production de testostérone et d'œstrogènes, boosters de libido.

Faites-vous du bien. Une étude de la Virginia Commonwealth University School of Medicine a montré que l'immersion dans l'eau froide a des effets antidépresseurs[9].

Je vous donne rendez-vous sur le ponton !

Comment entrer dans l'eau froide ?
Conseil d'un baigneur chevronné

« Au lieu de penser au froid qui vous attend, le secret est de se détendre et de se concentrer sur les facteurs positifs, comme la beauté du paysage, l'immobilité de l'océan, le vol des oiseaux ou la liberté qui vous tend les bras. »

Maibritt Johnsson, Malmö, Suède

LE SAUNA

Dans l'esprit des gens, le mot « sauna » est indissociable de la culture suédoise. Appelé ici *bada bastu*, ou plus communément *basta*, son usage connaît de nombreuses variantes à travers le pays. Certains fervents adeptes aiment à s'y rendre seuls, arrivant dès l'aube pour en jouir en toute quiétude. D'autres y vont entre amis, et il y a même des clubs qui s'y adonnent en groupe une fois par mois (mon mari fait partie de l'un d'eux).

Quelle que soit la formule, la routine est généralement la même. Le principe du *bada bastu* consiste à transpirer au naturel sous l'effet d'une chaleur sèche et intense dans une petite pièce aux murs doublés de bois, jusqu'à ressentir le besoin d'aller se rafraîchir. On s'immerge alors dans l'eau glacée (qu'il s'agisse de plonger dans l'eau de mer, de prendre une douche froide ou de se rouler dans la neige – *brrrrrr !*) avant de se reposer un peu au grand air, puis de répéter le processus (habituellement trois fois).

Bien que certains privilégient les installations privées, la plupart des grandes villes ont un sauna collectif – c'est un peu une institution. Un ami britannique m'a un jour fait remarquer que le sauna public est « ce que les Suédois ont de plus proche d'un pub local ». C'est ouvert à tous, les préjugés comme les habits restent à l'extérieur, et les gens de tous âges et de toutes classes sociales se mélangent allègrement.

La nudité qu'impose un tel exercice pourrait gêner les plus pudiques d'entre nous. Mais, hygiène mise à part, s'afficher dans son costume de naissance souligne la nature formidablement modeste de cette activité. Personne n'est là pour exhiber ses formes ou reluquer son voisin. En fait, des gens de toutes morphologies se côtoient dans le même but : se détendre en se nettoyant l'âme et le corps. En revanche, n'oubliez pas la serviette sur laquelle vous poserez vos fesses !

Les bienfaits du *bada bastu*

Les effets positifs du sauna sont bien documentés. Tandis que la chaleur permet au corps de se débarrasser des impuretés et vous donne un teint rayonnant, l'alternance du chaud et du froid atténue le stress, stimule la circulation sanguine, renforce l'immunité et soulage les douleurs. Une étude de l'université de l'est de la Finlande a même prouvé que l'usage fréquent du sauna était bon pour le cœur[10] !

Cherchez donc un sauna près de chez vous. Votre esprit et votre corps vous en remercieront. Si la simple idée de vous mettre à poil vous donne des bouffées d'angoisse, sachez que, dans la plupart des autres pays, les gens y vont en maillot de bain ou couvrent leurs parties intimes d'une serviette stratégiquement placée – ouf !

Quelques règles de bonne conduite

+ Munissez-vous d'une petite serviette pour vous asseoir dessus.

+ Laissez vos vêtements et votre maillot de bain à la porte (à moins qu'il ne s'agisse d'un sauna mixte ou que ça ne se fasse pas dans votre pays).

+ N'élevez pas la voix.

+ Faites de la place aux autres à mesure qu'ils entrent.

+ Interrogez vos voisins avant de remettre de l'eau sur les pierres chaudes.

INTO THE WILD

Dites à un Suédois qu'il y a une forêt à proximité et vous le verrez courir plus vite que vous ne pouvez remplir votre Thermos. La Suède compte vingt-neuf parcs nationaux, et plus de la moitié du pays est couverte par la forêt. La nature occupe donc une place prépondérante dans la vie quotidienne. *Allemansrätten*, traduit par « le droit de tout un chacun », permet à tous de l'arpenter librement, d'y cueillir des fruits sauvages et de bivouaquer où ils le souhaitent (tant qu'ils ne dérangent pas les autres). Aussi n'est-il pas rare de voir des Suédois pique-niquer ou s'aventurer dans les bois, quel que soit le temps – les activités vont de la randonnée à la voile, en passant par le kayak, le ski de fond et les chiens de traîneaux.

Je suis convaincue que ces loisirs contribuent à la paix intérieure des Suédois, et il existe un nombre grandissant d'études prouvant les bienfaits de la nature. L'une d'elles, conduite en 2016 par The Wildlife Trusts, a montré que la pratique d'une activité régulière en lien avec la vie sauvage est bonne pour le moral et la santé[11]. Une autre a prouvé que le contact de la nature apaise, guérit l'esprit et le corps, tout en stimulant la créativité. La prochaine fois que vous vous sentez sous pression, pourquoi ne pas aller faire un tour dans les bois avec un panier pique-nique ?

« Il est au fond des bois un charme salutaire,
Un doux enchantement sur le bord solitaire,
Où le flot écumeux expire en mugissant ;
Il est dans la tempête un plaisir ravissant.
L'infini se révèle à notre âme agrandie,
Et la vague possède aussi sa mélodie !
Je n'aime pas moins l'homme en ces sauvages lieux ;
Mais plongeant sur les flots, ou planant dans les cieux,
Ma brûlante pensée embrasse la nature,
Et je livre à l'oubli ma destinée obscure,
Pour pouvoir me mêler avec tout l'univers,
Et sentir ce qu'en vain je murmure en mes vers. »

Lord Byron, *Le Pèlerinage de Childe Harold*,
Chant quatrième, vers 178[VII]

Cinq façons de profiter **des grands espaces**

Smultronställe (n.) : Lit. « la demeure des fraises des bois ». Un endroit spécial que l'on a découvert et que l'on chérit, source de réconfort et de détente ; lieu personnel à l'abri du stress et de la tristesse.

Prenez un pique-nique et rendez-vous dans le bois ou la forêt la plus proche (même s'il pleut, la canopée vous protégera).

Chaussez vos bottes le temps d'un après-midi et allez cueillir des baies, des herbes ou des champignons. Vous serez étonné par ce que vous trouverez (mais assurez-vous auprès d'un expert que votre récolte est comestible).

Faites une balade sur la plage et amusez-vous à ramasser des coquillages et à faire des ricochets. Une Thermos de café et une couverture vous tiendront chaud tandis que vous contemplerez l'horizon.

Louez un kayak ou un *paddleboard.* Direction la rivière, le lac ou le rivage le plus proche.

Si vous vivez au bord de la mer, inscrivez-vous au club nautique du coin. Un skipper patient appréciera une paire de bras supplémentaire et sera heureux de vous enseigner les ficelles de la navigation.

N'ayez pas peur de la solitude

Mon amie suédoise Yvonne m'a raconté son trekking de cinq jours en solitaire dans une réserve naturelle. Bien qu'elle confesse que « le nombre de bruits qu'on peut entendre la nuit dans les bois est proprement incroyable », la seule fois où elle s'est sentie mal à l'aise, c'est quand un groupe s'est installé tout près de son bivouac et a joué de la guitare jusqu'à une heure indue. Elle en retient avant tout une expérience exaltante et libératrice.

Pour être honnête, je ne me vois pas camper seule dans les bois, mais j'aime y passer quelques heures et m'émouvoir d'être seule en pleine nature. J'espère qu'il en est de même pour vous. C'est dans ces moments qu'on peut apprécier le bruissement des feuilles dans le vent, le fracas des vagues sur le rivage ou le chant lointain d'une alouette. La magie intacte de la nature permet de ralentir, de se déconnecter et d'être seul dans ses pensées – c'est là quelque chose de précieux dans notre monde ô combien bruyant.

Siffler en cheminant

Si vous vous aventurez seul dans la forêt, prenez soin de siffler, de taper du pied et plus généralement de faire du bruit – les ours et les loups sont timides, mais ils détestent être surpris !

La cueillette pour les nuls

Si vous arpentez les forêts de Suède à la fin de l'été ou en début d'automne, vous croiserez des gens armés de paniers, fouillant le sol à la recherche de champignons comestibles, de baies et autres mets délicats. L'art de la cueillette exige des connaissances, de la patience et un œil affûté. Mais, une fois que vous y avez pris goût, c'est très amusant et incroyablement stimulant. Rien de mieux pour préparer un dîner savoureux ! C'est fou tout ce qu'on peut trouver à nos pieds, simplement en ouvrant les yeux. Voici quelques conseils pour démarrer :

+ **Étudiez soigneusement les végétaux qui vous entourent.** Identifiez les différentes sortes d'herbes, de buissons et d'arbres. Apprenez quelles plantes sont de saison et à quel moment il faut les cueillir, et vérifiez que ce ne sont pas des espèces en danger.

+ **Repérez les plantes vénéneuses** et ne mangez jamais – *jamais* – quelque chose dont vous n'êtes pas sûr à 150 %. Faites l'inventaire de vos trouvailles, de préférence avec un expert.

+ **Ne ramassez que ce dont vous avez besoin** et évitez de vider le coin que vous avez trouvé ; il est important de laisser à la zone le temps de produire à nouveau avant que vous ne reveniez.

+ **Évitez les endroits pollués**, comme le bord de la route ou les champs traités aux pesticides.

+ **Amusez-vous.** Trouver de la nourriture dans la nature peut se révéler difficile, mais avec un panier pique-nique, l'excursion vaut le coup.

Cinq champignons comestibles **et leur emplacement de prédilection***

+ Laetiporus – *Laetiporus sulphureus*

Une fois que vous saurez le repérer, vous trouverez ce champignon jaune-orange partout sur les troncs des arbres morts ou en bonne santé.

+ Hydne hérisson – *Hericium erinaceus*

Ce succulent champignon reconnaissable entre tous s'accroche aux troncs des feuillus morts ou récemment tombés, comme les érables, les sycomores et les chênes.

+ Chanterelle – *Cantharellus cibarius*

La chanterelle est le champignon préféré des cueilleurs, pour son goût inimitable. On en trouve partout dans le monde.

+ Sparassis – *Sparassis*

Trouvé généralement parmi les racines ou au pied d'un feuillu, le sparassis est plus savoureux quand il est blanc et agrémente avantageusement une omelette.

+ Cèpe de Bordeaux – *Boletus edulis*

On le rencontre dans les forêts de feuillus, à même le sol, au pied des châtaigniers, des épicéas, des pins et des ciguës. Ce champignon au goût de noix est un mets de choix pour les gourmets.

* Les champignons vénéneux peuvent provoquer la mort. Prenez toujours l'avis d'un expert avant de consommer vos trouvailles.

LES VACANCES

« Le plus beau voyage est celui qu'on fait chez soi. »

Proverbe suédois

Si vous visitez la Suède en juin, vous sentirez qu'il y a de l'excitation dans l'air. Les beaux jours sont là. Partout dans le pays, les employés s'apprêtent à éteindre leur ordinateur, les commerçants à fermer boutique pour l'été. Ceux qui restent chez eux vont profiter de leur jardin, tandis que d'autres prendront leurs quartiers d'été dans leur cottage rudimentaire en bord de mer ou partiront faire du camping. Dans un cas comme dans l'autre, le but est le même : prendre du temps pour soi et profiter des petits plaisirs de la vie – les longues heures d'ensoleillement, la nature et la proximité des amis et de la famille.

La modeste maison d'été

Vivre en Suède a renforcé ma conviction qu'il n'y a pas besoin de dépenser des mille et des cents pour passer des vacances magiques. Ici, les congés annuels sont l'occasion de s'aérer et de revenir à l'essentiel, de s'adonner à des choses simples comme traîner à la maison ou partir habiter sa petite bicoque au bord de la mer ou au cœur de la campagne. Au programme : lecture, pâtisserie, baignade, jeux de plateaux, loisirs créatifs... ou simplement voir des amis ou des parents et se gaver autant que possible de la lumière du soleil avant que les feuilles d'automne ne commencent à tomber.

Prendre tout bonnement le temps d'« exister » est le parfait antidote à notre monde numérique où tout va à cent à l'heure. Les attentes sont moindres – une aventure sans tracas, sans grand investissement et surtout sans pression : pas de vol à attraper, pas de devise à convertir, pas de planning. Le temps n'est là que pour vous permettre d'en profiter au gré de vos envies.

La prochaine fois que vous réserverez vos vacances, je vous recommande chaudement de trouver une petite maison ou une cabane près de chez vous. Elle n'a pas besoin d'être grande – en fait, plus elle est petite et rudimentaire, mieux ça vaut. Il faut juste qu'elle soit située quelque part où vous pouvez vous détendre – pas de Pokémon GO en vue !

Le camping

Camper est la meilleure façon de profiter d'une vie plus apaisée et de la liberté que procure l'immensité de la nature, sans même avoir besoin d'une clé ni d'une carte de crédit dans votre poche. Partez en pleine nature, trouvez un coin isolé et imprégnez-vous du grand air et du calme environnant. Vous n'êtes pas un scout dans l'âme ? Dénichez-vous un camping aménagé avec ce qu'il faut de confort, comme un lit digne de ce nom et un point d'eau chaude. Mais cela ne vous épargnera pas les araignées !

Cinq conseils pour **apprécier le camping**

Ayez le bon matériel et quelques idées ! Assurez-vous d'être correctement équipé et testez tout dans votre jardin (ou dans votre salon !) avant de partir. Ainsi, vous n'oublierez pas des choses aussi essentielles que les piquets de tente (ne riez pas, ça m'est arrivé !). Dans le même ordre d'idées, prévoyez des vêtements adaptés à tous les temps, une trousse de secours et l'inestimable répulsif à moustiques.

Trouvez un coin magnifique. L'avantage du camping, c'est qu'on peut choisir la vue ! Prenez le temps de repérer des zones de bivouac idylliques et, à l'arrivée, plantez votre tente au meilleur emplacement, en s'assurant qu'il est plat et pas trop humide.

Profitez au mieux de ce que la nature vous offre. Appréciez les choses simples, comme de nager dans un lac ou dans la mer, randonner, admirer le paysage ou contempler les étoiles.

Assurez-vous de bien dormir. À moins que vous ne soyez Bear Grylls[VIII], vous apprécierez un minimum de confort domestique. Emportez un matelas gonflable ou un tapis de sol en mousse, votre oreiller, des bouchons d'oreilles et un masque de nuit. Ainsi, vous vous réveillerez en pleine forme et prêt pour la journée qui s'annonce.

Faites-vous plaisir. Peut-être aimez-vous les haricots en boîte – tant mieux pour vous ! Mais si vous avez des goûts plus raffinés, vous trouverez de nombreuses recettes de petits plats à emporter – et n'oubliez pas le chocolat chaud et les marshmallows !

Rester en forme avec le lagom

Nous n'avons pas tous été dotés d'une crinière blonde flottant au vent et d'une souplesse de compétition, mais nous pouvons apprendre deux ou trois choses des Suédois en matière de forme physique. Ils privilégient une approche raisonnée, se contentent d'un régime équilibré, sans s'interdire un roulé à la cannelle de temps en temps ni consommer de la salade à outrance. Naturellement, ils font de l'exercice tous les jours, préférant le vélo à la voiture ou aux transports en commun, et ce, par tous les temps. Donc, même les jours les plus chargés, ils font travailler leur cœur.

MANGER AVEC MODÉRATION

Il faut reconnaître que si vous n'êtes pas très porté sur le poisson ou sur les pommes de terre, la vie en Suède vous paraîtra compliquée. Aucun repas de fête (ou *Smörgåsbord*) ne se conçoit sans eux. Les plats nationaux (ou *husmanskost*) sont le *sill och potatis* (hareng et patates agrémentés d'airelles), le *köttbullar med potatismos* (boulettes de viande et purée) et le *pyttipanna* (une poêlée de cubes de pommes de terre, de viande et d'oignons relevée de betterave marinée). Blague à part, le régime nordique est depuis longtemps connu pour ses bienfaits sur la santé. L'espérance de vie en Suède est de 80,3 ans pour les hommes et 84,1 ans pour les femmes, ce qui place le pays dans les dix meilleurs élèves du classement de l'OMS.

La cuisine scandinave repose sur la notion d'équilibre et l'utilisation des produits de saison. Une étude du Nordic Centre of Excellence démontre que ce régime fait baisser le cholestérol, minimise les risques cardio-vasculaires et réduit les affections inflammatoires (comme l'arthrite ou la maladie de Crohn)[12]. En d'autres termes, l'alimentation suédoise est aussi bonne pour votre cœur que pour votre ligne.

LES BASIQUES DE
LA CUISINE SUÉDOISE

+ **Hareng :** qu'il soit salé, fumé, frit ou mariné, le modeste hareng figure au menu des Scandinaves depuis le néolithique. Ce petit poisson est relativement bon marché et facile à conserver. C'est une excellente source de vitamine D, et il est riche en oméga-3, des acides gras connus pour leurs bienfaits sur le système cardio-vasculaire, le cerveau et le système immunitaire.

+ **Pomme de terre :** produit de base dans de nombreux pays du monde, ce tubercule a lui aussi plusieurs avantages. Il présente un taux élevé de potassium (qui fait baisser la tension artérielle), de fibres et de vitamines C et B. Après cuisson, on y trouve une forte proportion d'amidon, qui aide le corps à brûler les graisses.

+ ***Filmjölk*** **:** lait fermenté traditionnel communément consommé avec des céréales au petit déjeuner. L'acide lactique qu'il contient « facilite le transit intestinal, renforce le système immunitaire et réduit les risques d'allergie », explique Richard Löfgren, de la compagnie laitière Skånemejerier.

+ **Airelle rouge :** également appelée airelle vigne d'Ida, cette baie pousse dans les forêts scandinaves et s'apprécie en confiture avec des pancakes ou comme condiment. Elle est bourrée d'antioxydants, de vitamines A et C, de fibres et de magnésium, et des chercheurs de l'université de Lund ont découvert qu'elle aidait à réguler notre métabolisme[13].

+ **Pain croquant :** appelé ici *knäckebröd*, il fait partie de l'alimentation de base des Suédois depuis l'an 500. Sa popularité est en partie due à sa très longue conservation et à son prix dérisoire, mais on lui a également trouvé certaines vertus pour la santé. Traditionnellement fait à partir de farine de seigle complète, de sel et d'eau, ce pain est pauvre en matières grasses, riche en fibres, et contient des antioxydants et des minéraux[IX].

Le poisson pourri

Bien que les Suédois soient passés maîtres dans l'art de la modération, ils ont une chose qui, ils le reconnaissent eux-mêmes, est bien loin du lagom : le *surströmming*. Célèbre pour son insoutenable odeur putride et son goût puissant et acide, il s'agit d'un hareng salé juste ce qu'il faut pour l'empêcher de pourrir réellement. Puis on n'y touche plus pendant six mois avant de le mettre en conserve. Le hareng fermenté est servi une fois par an (aux alentours du troisième jeudi d'août) et consommé à l'extérieur – de préférence en se bouchant le nez.

FAIRE DE L'EXERCICE

Peut-être êtes-vous déjà un adepte de la salle de gym ou courez-vous dix kilomètres tous les matins avant le petit déjeuner. Dans ce cas, c'est parfait ! Mais dans nos vies de plus en plus encombrées, pas facile de trouver du temps pour faire du sport. N'ayez crainte : j'ai remarqué que les Suédois, toujours fidèles à l'esprit du lagom, intègrent de l'exercice à leur quotidien sans en faire trop. Les experts s'accordent à dire qu'il suffit de changer quelques petites choses dans notre vie de tous les jours (comme aller travailler à vélo ou à pied plutôt qu'en voiture) pour faire baisser le risque de maladie cardio-vasculaire, la tension artérielle et le niveau de stress. Et c'est excellent pour la ligne.

Cinq conseils pratiques pour **faire du sport au quotidien**

Allez travailler à vélo ou à pied. Une étude a révélé qu'il existe un lien de cause à effet entre ces modes de transport et la satisfaction au travail[14]. Autrement dit, troquer sa voiture contre un peu d'exercice rend plus heureux. Hourra !

Garez-vous à l'autre bout du parking ou descendez du train un arrêt plus tôt et finissez le trajet à pied. Ça n'a l'air de rien, mais tous ces pas s'additionnent au bout du compte.

Préférez l'escalier à l'ascenseur. Lorsqu'on monte un escalier, on dit qu'on brûle environ 0,17 calorie par marche, soit 1,7 calorie toutes les dix marches. Ça fait réfléchir, non ?

Debout ! Saviez-vous qu'une personne de 75 kg brûle 114 calories par heure simplement en restant debout ? Ça fait 912 calories par jour. Il est temps de se lever !

Marchez et parlez. Prenez votre café à emporter plutôt que de le boire sur place. Allez-y à plusieurs, c'est l'occasion de se retrouver entre amis et de faire une agréable balade.

Le pouvoir de la pédale

Déménager de Londres à Malmö m'a causé un choc culturel. Et, croyez-le ou non, le changement le plus radical a été de troquer le métro londonien contre les pistes cyclables de Malmö. C'est une ville formidable pour les cyclistes : elle est relativement peu étendue et sans dénivelé, les pistes y sont nombreuses, tout comme les feux de signalisation, les intersections prioritaires et les stations de gonflage. D'ailleurs, la ville a récemment été classée sixième dans le Copenhagenize Bicycle Friendly Cities Index (http://copenhagenize.eu/index). Ce qui m'a le plus désorientée, c'est qu'en Suède le vélo fait vraiment partie de la vie quotidienne – aller au supermarché, récupérer les enfants à l'école, faire un tour en ville ou même se rendre au pub. Le pédalage est l'énergie motrice par excellence, qu'il fasse beau, qu'il pleuve ou qu'il neige !

J'ai fini par m'y adapter, et aujourd'hui je le fais sans y penser. En fait, c'est si pratique que je le recommande chaudement. Outre le fait que plus d'un milliard de personnes dans le monde se déplacent à vélo et que les routes deviennent de plus en plus adaptées, voici neuf raisons à même de vous convaincre de vous mettre en selle :

- Vous économiserez sur le **carburant**.
- Vous ne perdrez **plus votre temps** à attendre le bus ou le métro.
- Pas besoin de chercher une **place de parking**.
- Les **bouchons** ne seront plus qu'un mauvais souvenir.
- Vous pouvez vous y mettre **à tout âge**.
- Vous profiterez du **grand air**.
- Vous ferez un geste pour **l'environnement**…
- … et pour votre **santé**.
- C'est un excellent **antistress**.

BIEN HABILLÉ, QUEL QUE SOIT LE TEMPS

Fashionistas, passez votre chemin – en matière de mode, le lagom prône la praticité. Qu'il s'agisse d'aller faire une course, de travailler, de sortir le soir ou d'affronter des températures extrêmes, les Suédois ont le chic pour avoir toujours la tenue adéquate !

En toute simplicité

Installez-vous dans un café et regardez autour de vous. Vous constaterez qu'ici les gens privilégient un style minimaliste. Les vêtements se caractérisent par des lignes sobres et des couleurs unies, avec une touche des dernières tendances. C'est très pratique, car les différents habits s'accordent facilement, ce qui fait gagner un temps fou le matin. Et, parce qu'ils sont intemporels, on les porte plus longtemps.

La garde-robe capsule

Pour dire les choses rapidement, une penderie suédoise pourrait s'apparenter à une garde-robe capsule – un condensé de minimalisme et de praticité où les vêtements indésirables ou inutilisés ne sont pas les bienvenus, rapidement remplacés par un nombre limité d'habits qu'on adore, parfaitement polyvalents et faciles à assortir.

Et, parce qu'une garde-robe capsule permet de se composer rapidement une tenue, c'est moins de stress à l'heure de s'habiller et moins de temps perdu à faire du shopping et des machines à n'en plus finir. C'est aussi plus économique. Celles et ceux qui s'y sont mis ne s'en plaignent pas !

« En commençant à vivre avec une garde-robe réduite, raisonnée, j'ai remarqué que cela me faisait du bien au moral », témoigne Caroline Rector, fondatrice du blog *Un-Fancy.com*. « En portant un regard neuf sur les choses, j'ai compris que la joie et la satisfaction venaient de l'intérieur – pas de ce qu'on achète ou des circonstances extérieures. » Qu'ajouter à cela ?

Six étapes pour créer votre **garde-robe capsule**

Sortez tous vos habits de votre penderie et disposez-les devant vous.

Faites quatre piles : les vêtements que vous aimez et que vous portez en ce moment, ceux que vous ne mettez jamais, mais que vous voulez garder pour des raisons sentimentales, ceux que vous n'enfilerez plus jamais et ceux qui ne sont pas de saison. Remisez ces derniers, tout comme ceux dont vous ne supporteriez pas de vous séparer, et vendez ou donnez ceux que vous ne portez plus.

Avec les vêtements restant, composez une série d'ensembles. Chaque élément doit pouvoir s'accorder avec au moins deux autres tenues.

Réduisez la sélection à un nombre compris entre vingt et quarante (selon vos besoins – par exemple si vous devez porter des habits spécifiques pour travailler, il vous en faut plus). Il peut s'agir de hauts, de pantalons, de robes, de vêtements d'extérieur et de chaussures, mais pas d'accessoires comme des chapeaux, des écharpes ou des bijoux. Si nécessaire, allez vous procurer ce qui vous manque.

Rangez soigneusement tout ce qui n'est pas de saison et entreposez les autres de façon qu'ils soient visibles et accessibles. Contentez-vous-en pendant trois mois (ou pour le dire autrement, pas de shopping cette saison – *argh !*).

Préparez votre prochaine garde-robe capsule deux semaines avant le changement de saison. Sortez les habits que vous avez stockés et prenez note de ce qui vous manque, en réduisant les nouvelles acquisitions au strict nécessaire.

Rester au chaud et au sec en toute circonstance

Les premiers temps de mon emménagement en Suède, je ne pourrais vous dire combien de fois je suis arrivée à un rendez-vous trempée comme une soupe sur mon vélo, ou vêtue d'un pantalon blanc à une fête de la crèche (comment aurais-je pu savoir que j'y mangerais des hot-dogs au barbecue assise à même le sol de la forêt ?). Au bout du compte, j'en ai eu assez d'endurer ces désagréments, alors j'ai revu mes habitudes.

À présent, je porte des vêtements pratiques et adaptés aux conditions météorologiques, c'est-à-dire chauds et confortables quelle que soit la température. Et vous savez quoi ? Je me sens beaucoup plus épanouie et détendue. Ne vous méprenez pas, je n'ai pas abandonné la petite robe noire – mais ici, mieux vaut mettre un caleçon long et un pantalon imperméable (voire carrément un Thermolactyl au nord du pays !).

De l'art de se chausser

« Il n'y a pas de mauvais temps,
seulement des vêtements inadaptés. »

Proverbe suédois

Si vous avez déjà essayé de fouler les pavés des places suédoises ou de faire du vélo en talons hauts, vous voyez ce que je veux dire. Comme dans tout autre domaine, les Suédois privilégient la praticité et le confort quand il s'agit de choisir une paire de chaussures. Pour être lagom, ces dernières doivent être ni trop plates, ni trop hautes, imperméables, respirantes et robustes.

On voit tout de même quelques talons aiguilles, mais ils sont réservés aux bars et aux boîtes de nuit. « Mes chaussures doivent correspondre à mon style de vie, et me permettre, s'il le faut, de courir d'une réunion à la sortie de l'école », m'a confié l'élégante Elin Sigrén, créatrice de bijoux, fondatrice et P-DG de SÄGEN.

Elle a raison. Les chaussures plates sont non seulement pratiques, mais plus adaptées à notre morphologie. D'innombrables études ont montré que l'utilisation prolongée de talons hauts peut provoquer pas mal de dégâts, comme affaiblir les muscles des chevilles, raccourcir le tendon d'Achille et créer des douleurs dorsales. Croyez-moi, la chaussure lagom, c'est bien ! Votre corps vous dira merci.

Se coiffer sans effort

Évidemment, beaucoup de Suédoises ont été dotées par la nature d'une belle crinière blonde, mais c'est la façon dont elles coiffent leurs cheveux qui me fascine. Lâchés, tirés en arrière ou en queue-de-cheval, peu importe pourvu que ce soit rapide ! Inutile de dire que le résultat, qui semble n'avoir coûté aucun effort, est toujours parfait.

Prenez le chignon saut-du-lit, aussi appelé « *topknot* ». Si simple, si rapide – et, le soir, vous pouvez le transformer en chignon banane ou natté pour parfaire votre look suédois. Mais pour « négligé » qu'il paraisse, il n'en demande pas moins une certaine technique.

Réussir son *topknot* négligé

+ Commencez par faire un shampooing (la réalisation est plus facile sur une chevelure souple et légère).
+ Prenez tous vos cheveux et tirez-les d'abord vers l'arrière, puis vers le haut.
+ Tordez-les vers le bas et arrêtez-vous avant d'avoir atteint le crâne.
+ Enroulez-les sur eux-mêmes pour former un chignon approximatif.
+ Utilisez autant d'épingles à cheveux que nécessaire pour que ça tienne.
+ Défaites quelques mèches pour donner à votre coiffure un air « J'ai porté ce chignon toute la journée et toute la nuit », et *varsågod* (voilà !).

Réussir avec le lagom

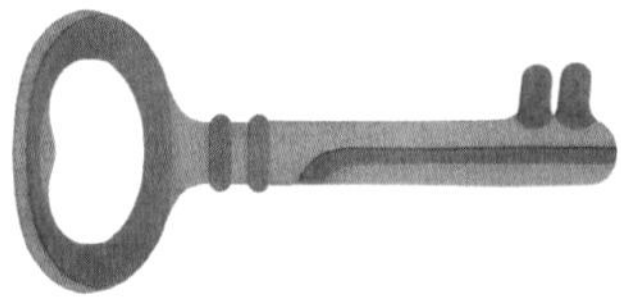

Nous sommes nombreux à penser que le succès se traduit par une ambitieuse carrière et un million sur notre compte en banque. Moi y compris… avant que je ne parte pour la Suède. La leçon la plus libératrice que m'a enseignée ce pays est peut-être de savoir se satisfaire d'« assez ». Si vous croyez qu'il vous en faut toujours plus pour être heureux, vous ne serez jamais rassasié. Au contraire, une vie moins dépendante du matériel vous affranchira du stress et vous permettra de vous concentrer sur l'essentiel, comme passer du temps avec votre famille et vos amis, ou toute autre chose que vous aimez faire.

L'ÉQUILIBRE AU TRAVAIL

Ayant travaillé à Dubaï, à Londres, à Copenhague et à Malmö, j'ai une certaine expérience de la diversité des cultures professionnelles. Chacune a ses spécificités, et les Scandinaves en la matière se distinguent par quelques notions clés.

À Londres, sortir du bureau sur la pointe des pieds pile à l'heure légale fait de vous un tire-au-flanc, et cela m'a parfois valu des remarques comme « Tu es à mi-temps aujourd'hui, Niki ? ». J'ai été très agréablement surprise de constater qu'à la fin de la journée de travail, les Scandinaves se lèvent comme un seul homme et se souhaitent chaleureusement une bonne soirée. Ici, travailler tard aurait même tendance à déclencher une alarme chez vos managers – votre charge de travail n'est-elle pas trop importante ? Partant, vous êtes bon pour une série de réunions.

Ne vous méprenez pas, les Suédois ne passent pas la journée à regarder leur montre en attendant la délivrance. Au contraire, les gens sont extrêmement concentrés et travaillent très dur. Après tout, la Suède est la patrie de certaines des sociétés les plus innovantes au monde, comme Tetra Pak, IKEA, Spotify ou Skype. C'est simplement qu'ici, priorité est donnée à la famille et à la vie personnelle. Il serait impensable de faire attendre un enfant à la crèche, un partenaire de squash ou même un frigo à remplir.

Personne ne traîne en attendant le départ du patron (je confesse que mon équipe et moi le faisions tous les jours à Londres). Ainsi, vous avez plus de temps pour profiter de votre famille et de vos amis, pour faire ce que vous aimez, mais aussi pour les courses et autres corvées ménagères. Vous êtes donc mieux organisé, moins stressé et, en définitive, plus heureux.

En 2014, un sondage de l'institut Gallup aux États-Unis a montré qu'un employé sur cinq travaille plus de soixante heures par semaine à temps complet. Ce qui est un non-sens. Une récente étude a constaté que la productivité chute vertigineusement à partir de cinquante heures par semaine et que ne pas prendre de jour de repos (le dimanche, par exemple) fait baisser le rendement horaire[15]. En d'autres termes, réduire votre temps de travail quotidien améliore la productivité. Il est grand temps d'aller voir ce que les Suédois – et le lagom – proposent.

L'avenir appartient à ceux qui se lèvent tôt

Je n'ai jamais été du matin, et peut-être que vous non plus. Des chercheurs de l'université technique de Rhénanie-Westphalie à Aix-la-Chapelle ont découvert que seuls 10 % d'entre nous sont des lève-tôt (alors qu'il y a le double de couche-tard). Pas en Suède. Imaginez mon horreur quand je me suis rendu compte que mon pays d'adoption était peuplé d'oiseaux du matin.

Cela peut varier, mais en règle générale, la journée de travail commence à 8 heures, et l'école un quart d'heure plus tard[16]. Le cauchemar ! Mais une fois remise du choc, j'ai été surprise par le résultat. J'ai découvert que non seulement je suis plus productive le matin, mais également plus créative.

Les Suédois (et moi) ne sommes pas les seuls. Le P-DG d'Apple, Tim Cook, est connu pour s'atteler à ses mails à un piquant petit 3 h 45. Michelle Obama commence ses exercices à 4 h 30, et l'ancienne P-DG de Xerox, Ursula Burns, se lève à 5 h 15. Une étude du biologiste Christopher Randler révèle que les lève-tôt sont plus proactifs[17]. Profiter des petites heures du jour pour s'organiser et anticiper les problèmes stimule la productivité et, au bout du compte, la réussite. Il est temps d'avancer votre réveil !

Quatre bonnes raisons de se lever tôt

+ **Moins de distractions.** Avec moins de gens autour de vous, vous aurez logiquement plus de temps qui n'appartient qu'à vous, pour lire le journal ou répondre aux mails.

+ **L'occasion de faire de l'exercice.** Les premières heures sont sans doute les seules que vous pourrez consacrer au sport. Faites-vous un shoot d'énergie dès l'aube, vous n'en serez que plus productif ensuite.

+ **Soigner son estomac.** On considère que le petit déjeuner est le plus important repas de la journée, aussi se lever avec les poules vous permettra-t-il de commencer la journée de la façon la plus saine.

+ **Être plus heureux.** *Vraiment !* Selon une étude de l'université de Toronto, les matinaux sont plus épanouis que les oiseaux de nuit[18].

Comment devenir **un lève-tôt ?**

Toutes ces raisons sont belles et bonnes, mais que faire si (comme moi) vous n'êtes vraiment pas du matin ?

Projetez-vous. Avant de vous coucher, prenez le temps de visualiser ces heures sacrées dont vous jouirez avant que le reste du monde ne s'éveille. Peut-être dégusterez-vous un café patiemment infusé ou irez-vous arpenter la plage. En silence !

Laissez entrer le soleil. Dès le saut du lit, ouvrez les rideaux et laissez la lumière du jour inonder la pièce (sauf si nous sommes au cœur de l'hiver et que vous vivez en Suède, auquel cas on se contentera d'allumer). Allez même plus loin : ouvrez les fenêtres en grand et prenez une profonde bouffée d'air frais.

Profitez-en. Vous avez mérité ces heures, alors faites-vous plaisir. Vous répéterez d'autant plus facilement ce rituel qu'il sera associé à des souvenirs positifs.

Faites ça en douceur. Investissez dans un réveil qui simule l'arrivée progressive de la lumière du jour.

Endurcissez-vous. Bien souvent, le plus dur est de sortir du lit. Si aucun des conseils ci-dessus ne fonctionne, essayez de placer votre réveil à plusieurs mètres du lit (ou dans une autre pièce) : ainsi, il vous faudra vous lever pour l'éteindre.

FAIRE UNE PAUSE

En entrant dans un lieu de travail suédois, la première chose que vous remarquerez, c'est le calme. Chacun est concentré sur sa tâche, et l'on n'entend nul bruit de fond persistant ni bavardage intempestif. Bien sûr, on vous saluera chaleureusement à votre arrivée, et il n'est pas inhabituel de voir un petit groupe échanger des paroles étouffées, mais il y a de fortes chances que leur conversation soit d'ordre strictement professionnel. Voyez-vous, dans les bureaux suédois, les papotages sont pour l'essentiel réservés aux pauses.

S'arrêter un instant

La *fikapaus* suédoise consiste à faire un break avec un café et parfois un en-cas. Ce peut être l'occasion de voir un collègue de façon informelle en lui lançant un « On se prend un café à 10 heures ? Il faut que tu me racontes tes vacances/ton week-end/tes déboires avec ton horrible voisin. » Ou alors peut-il s'agir d'une *fika* collective prévue au planning plusieurs mois à l'avance. Quelque forme qu'elle prenne, la *fika* sert à se déconnecter pendant quelques minutes et à s'aérer l'esprit.

Cet art de se faire plaisir vous inspirera peut-être une pointe de culpabilité (j'ai moi-même eu du mal à me faire à l'idée). Mais, en réalité, lever le pied de temps en temps est parfaitement logique d'un point de vue tant personnel que professionnel.

Une étude réalisée par Emily Hunter et Cindy Wu, toutes deux psychologues à la Baylor University's Hankamer School of Business, rapporte que les gens qui prennent une pause matinale au travail se sentent plus énergiques, plus concentrés et plus motivés,

et moins sujets aux maux de tête et aux douleurs dorsales[19]. Il est intéressant de noter que ces effets positifs décroissent à mesure que le temps entre chaque break s'allonge. En d'autres termes, mieux vaut prendre de petites pauses, mais à intervalles réguliers !

Comment prendre cette habitude ?

+ **La règle des « 52-17 minutes ».** Une récente étude a montré que la productivité optimale s'obtient par des périodes de travail de 52 minutes suivies de 17 minutes de pause[20]. Bien sûr, votre emploi ne vous le permet pas forcément, mais ça vaut le coup de garder cette fréquence à l'esprit.

+ **Mettez-vous une alerte.** Ça fait un peu geek, mais un simple pense-bête est loin d'être inutile. Une étude réalisée par l'université Cornell dans les bureaux de Wall Street du New Century Global Center a démontré que les gens qui recevaient un rappel pour prendre une pause ou adopter une bonne posture étaient en moyenne 13 % plus performants que leurs collègues[21].

+ **Note aux introvertis.** Si la perspective d'aller bavarder avec vos collègues vous décourage d'avance, il n'y a aucun mal à s'accorder une micro-sieste ou un peu de temps en solitaire – qu'il s'agisse d'aller faire un tour de pâté de maisons, de déguster un café au calme ou de recharger vos batteries de la façon qui vous plaît. Le directeur des ressources humaines de ma précédente boîte m'a un jour confié que c'est ainsi qu'il faisait ses pauses, et que nous étions tout à fait libres de l'imiter. Une douce musique aux oreilles des timides !

VOUS N'AVEZ PAS LE TEMPS DE SAUTER LA PAUSE-DÉJEUNER

À Londres, j'avais pour habitude d'aller me chercher un casse-croûte à la sandwicherie du coin et de le manger devant mon écran. Comme beaucoup de gens. En 2012, selon un sondage de Right Management, seul un Américain sur cinq prenait une pause-déjeuner, et une enquête réalisée par British Bupa en 2014 montrait que deux tiers des employés britanniques ne quittaient pas leur bureau pour manger.

Ici, les choses ne se passent pas comme ça. Le déjeuner est une affaire sérieuse. Il est très rare de voir des Suédois avaler des boulettes de viande et de la purée installés à leur bureau. D'abord, on va au restaurant, et on y mange un plat chaud qui tient au corps. Ensuite, on prend son temps. S'accorder une véritable pause-déjeuner possède de nombreuses vertus, comme accroître la productivité, la créativité, l'énergie, la concentration et la vigilance de l'après-midi. De plus, cela vous permet de côtoyer du monde.

Dis-moi ce que tu manges,
et je te dirai qui tu es

Tout le monde sait que ce que nous mangeons au déjeuner a un impact sur notre ligne, mais peut-être ne connaissiez-vous pas les vertus énergisantes de certains aliments. En voici cinq particulièrement stimulants :

+ Les crudités

+ Les fruits à coque et les graines

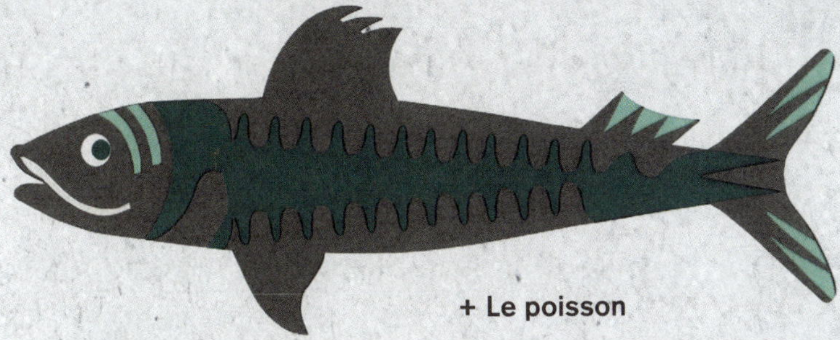

+ Le poisson

+ L'avocat

+ Le chocolat noir (oh oui !)

« On ne peut
ni bien penser,
ni bien aimer, ni bien
dormir, si on n'a pas
bien dîné. »

Virginia Woolf,
Une chambre à soi[x]

Cinq excellentes façons **d'occuper sa pause-déjeuner**

Dans nos vies surchargées, le temps est une ressource précieuse – et nous devons l'utiliser à bon escient. La pause-déjeuner n'échappe pas à la règle. Ces trente ou soixante minutes de liberté – selon votre contrat – sont vite remplies. Surtout si, comme les Suédois, vous prenez la peine de bien manger. En faisant bon usage de ce temps, vous en tirerez des bénéfices non seulement pour votre santé, mais également pour votre carrière !

Prenez rendez-vous. Invitez un collègue que vous souhaitez mieux connaître ou un vieil ami qui travaille dans le même quartier et parlez à cœur ouvert de la vie, de l'univers et du reste.

Faites fonctionner votre cœur. Une petite séance de marche rapide, de jogging ou un cours de gym vous requinquera pour attaquer l'après-midi.

Mettez vos écouteurs et passez-vous vos tubes préférés. Écouter de la musique allège l'esprit et aurait pour vertu de rendre plus heureux, plus intelligent et plus productif[22].

Cultivez-vous. Allez visiter un musée ou une galerie à proximité, apprenez les rudiments de la photographie grâce à une appli mobile ou lisez simplement un livre – et permettez ainsi à votre esprit de se déconnecter du travail.

Méditez. Trouvez pour cela un coin tranquille. Rien de mieux pour se débarrasser du stress, se vider la tête et préparer son esprit et son corps pour l'après-midi à venir.

Repensez votre espace de travail

Votre environnement peut aussi avoir un effet direct sur votre bien-être et sur votre productivité. Si vous travaillez à la maison ou jouissez de votre propre bureau, vous avez la chance de pouvoir y faire ce que vous souhaitez. Mais, même dans un *open space*, vous pouvez également apporter quelques petites améliorations :

+ **Débrouillez-vous pour vous retrouver près de la fenêtre.** Les architectes suédois excellent à faire entrer la lumière naturelle dans les bâtiments, et il y a une bonne raison à cela. Une étude du département de neurosciences de l'université Northwestern de Chicago a découvert qu'il existait un lien de cause à effet entre l'exposition à la lumière du jour au travail et la qualité du sommeil, les performances et plus généralement la qualité de vie[23].

+ **La température.** En Suède, les maisons sont si bien isolées que ma mère se plaint de ne pas entendre les oiseaux chanter. Hormis ce point, cela n'a que des avantages ! Si vous frissonnez ou mourez de chaud, toute votre énergie passe dans la régulation thermique, au détriment de la tâche en cours. Des études préconisent de régler le thermostat à la température étonnamment douce de 22-25 °C, pour un confort et des performances de travail optimales[24].

+ **Mettez-vous à l'aise.** J'avoue que je suis un peu *old school*, aussi n'ai-je pas vu d'un très bon œil débarquer dans nos bureaux de Lund l'expert en ergonomie chargé de s'assurer que nous étions correctement assis. Quelques semaines plus tard, une palette de mobilier professionnel nous était livrée – repose-pieds, sièges pivotants, supports de poignets… Force m'a été de constater que j'étais désormais bien mieux installée, et d'admettre que mon employeur avait un coup d'avance. Depuis, j'ai appris que le mobilier ergonomique réduit les douleurs lombaires et stimule le moral autant que la productivité !

+ **Levez-vous.** Dès que j'ai débarqué en Suède, j'ai investi dans une table de travail dont la hauteur est électriquement réglable. C'est plutôt marrant, et excellent pour la santé. Un médecin américain, le Dr David Angus, a déclaré que rester assis à son bureau plus de cinq heures d'affilée revenait à fumer plus d'un paquet de cigarettes par jour (*aïe !*). Alors si votre métier implique une station assise prolongée, prenez bien soin de vous lever de temps en temps.

La règle des vingt minutes

Selon la chercheuse Gretchen Reynolds, auteure de *The First 20 Minutes*[XI], se lever toutes les vingt minutes est bon pour la santé.

Mettez-vous au vert

Lors de mon premier jour de travail en Suède, mon bureau était vide à l'exception d'une plante (même mon ordinateur n'était pas arrivé). Et ceci pour une bonne raison. Comme nous l'avons déjà évoqué, les végétaux purifient l'atmosphère, augmentent la concentration et le bien-être au travail. À tel point qu'une récente étude a conclu qu'ils pouvaient vous faire gagner jusqu'à 15 % de productivité en plus[25] !

SE DÉCONNECTER ET FAIRE DES ÉCONOMIES AVEC LE LAGOM

Évidemment, Internet, c'est miraculeux. Je n'oublierai jamais ce jour où j'en ai fait la démonstration à mon grand-père de quatre-vingt-quinze ans, qui s'est émerveillé d'avoir le monde au bout de ses doigts, vingt-quatre heures par jour, sept jours par semaine. Le revers de la médaille, cependant, c'est qu'on attend de vous que vous soyez disponible à tout moment.

Imaginez la liberté que ce serait de pouvoir se déconnecter du flot constant de mails et d'appels professionnels ? De profiter de soirées ininterrompues avec vos amis et vos proches ou de vacances au soleil sans jamais être dérangé ?

Dans l'ensemble, les Suédois sont non seulement très doués pour s'autoriser d'occasionnels « *after-work* » entre amis (avec modération, bien entendu), mais ils excellent à se mettre au repos sans craindre d'être interrompus. Enfin, ils ont un flair naturel pour rationaliser leurs achats et s'affranchir ainsi de la pression financière. Suivez le guide !

After-work à la suédoise

Si vous skiez, vous êtes peut-être familier du terme *après-ski*[XII]. Si vous travaillez en Suède, l'expression *after-work*, ou *AW* (qui se prononce *ah-vi*), ne vous est pas inconnue. À Londres, prendre un verre après le travail se fait spontanément, généralement en réponse à un quelconque « Ça te dit d'aller boire une pinte vite fait ? » (l'expression « vite fait » étant très relative). L'*AW* suédois est le plus souvent un événement prévu des mois à l'avance. Ce qui a des avantages et des inconvénients, selon que vous aimiez

ou non l'improvisation. Bien que je reste en la matière dans le camp des Londoniens, j'en suis venue à apprécier les vertus des *after-work* plus rares et mieux organisés. Par exemple, votre famille n'est pas en train de vous attendre pendant que vous en finissez avec ce bref (hum...) détour sur le chemin de la maison. Et si c'est programmé, les collègues susceptibles de vous accompagner seront plus nombreux – idéal pour étendre votre réseau et améliorer l'ambiance au travail.

Déconnexion

Avant l'avènement des téléphones portables et d'Internet, vous laissiez votre travail derrière vous et n'y pensiez plus jusqu'au lendemain. Quelle douce pensée ! De nos jours, les mobiles vibrent d'un flot continu de courriers et de notifications de réunions. Le *push mail* est une tentation à laquelle peu d'entre nous savent résister. Cela nous donne peut-être l'impression d'assurer et de nous montrer particulièrement appliqués, mais des recherches ont montré que cela produit l'effet opposé. Une étude du Future Work Centre à Londres a observé que rester connecté à ses mails toute la journée (y compris au coucher et au réveil) engendre du stress et a un impact négatif sur la vie familiale. Ce qui, par ricochet, a des conséquences sur les performances professionnelles. Vous le saviez ?

Quatre conseils pour se déconnecter le soir

+ Instaurez un couvre-feu.

+ Coupez les notifications *push*.

+ Prévenez de votre absence par un message automatique et, au besoin, redirigez vos mails vers un collaborateur durant les heures où vous êtes indisponible.

+ Chargez votre smartphone dans une autre pièce de la maison.

EN VACANCES COMME UN SUÉDOIS

S'il est une chose que les Suédois prennent au sérieux, ce sont les congés annuels. Quiconque travaille avec un client ou un sous-traitant en Suède sait qu'il ne se passe pas grand-chose au mois de juillet. Pourquoi ? Après avoir enduré un long, froid et sombre hiver, les Suédois ont bien l'intention de profiter des beaux jours ! Aucune culpabilité, pas le moindre remords à l'idée de ce que les clients ou les collègues pourraient penser ; ils ont mérité qu'on leur fiche la paix. Ils prennent habituellement trois à quatre semaines qu'ils consacrent à se détendre et à passer du temps avec leurs proches.

Évidemment, les cadences de travail ne permettent pas à tous, dans le reste du monde, de poser quatre semaines d'affilée, mais une étude a montré que beaucoup de gens n'arrivent même pas à prendre tous leurs jours de repos. L'institut de sondage Glassdoor-Harris Interactive a découvert que 25 % des Américains ne profitent pas intégralement de leurs congés payés, et, parmi ceux-là, 61 % travaillent durant les vacances[26]. C'est vraiment dommage, en regard des bénéfices qu'on en retire, comme la réduction du stress, le regain d'énergie, l'accroissement de la créativité et de la productivité quand on se remet au travail – sans parler du temps privilégié qu'on passe en famille, ou du vrai plaisir qui consiste à déguster une piña colada en admirant le coucher de soleil.

Le nombre d'or des vacances

Une équipe de recherche de l'université de Tampere en Finlande a mesuré un pic d'épanouissement et de satisfaction après le huitième jour de vacances[27]. Deux semaines valent donc mieux qu'une !

ACHATS RAISONNÉS

« Acheter ce dont on n'a pas besoin,
c'est se voler soi-même. »

Proverbe suédois

Durant les premiers temps de mon installation en Suède, je faisais mes courses en remplissant mon panier de ce que je trouvais dans les rayons du supermarché. Mon mari passait systématiquement derrière moi pour reposer les articles que j'avais choisis sur l'étagère et les remplacer par leur version économique. Pingre ? Peut-être. Sage ? Assurément. J'ai ainsi appris qu'acheter lagom, c'est ajuster son budget pour couvrir tant ses besoins de base que financer les achats qui comptent vraiment pour nous.

Épargner pour pouvoir faire face

On met de l'argent de côté pour de nombreuses raisons, comme financer une maison, une voiture ou des vacances, ou encore acquérir une indépendance financière ou pourvoir à des dépenses imprévues. Enfin, économiser pour les jours de vaches maigres, c'est se débarrasser d'un stress inutile en gardant le contrôle de ses finances. L'argent ne fait pas le bonheur, mais il y contribue !

Économiser comme **un Suédois**

Commencez par dresser la liste de vos dépenses mensuelles ; vous verrez ainsi en un coup d'œil où passe votre argent et quels sont les frais que vous pourriez éviter – comme ce service mobile que vous n'utilisez pas ou ce café à emporter que vous achetez tous les matins. De petites économies journalières vous permettront de payer plus facilement vos factures et de consacrer un budget plus important aux choses que vous aimez, aujourd'hui comme demain.

Débarrassez-vous des affaires dont vous ne voulez plus. Vendez-les dans un vide-greniers ou au marché aux puces local.

Utilisez au mieux les avantages de vos cartes de fidélité, bons de réduction, codes promotionnels…

Faites une liste de vos dépenses mensuelles pour mieux les contrôler.

Offrez des cadeaux faits maison à vos amis et à votre famille, plutôt que de les acheter.

Invitez vos amis chez vous au lieu de les voir au restaurant, ça n'en sera que plus chaleureux.

Allez à la médiathèque emprunter des livres, des films et des disques.

Investissez dans des appareils électroménagers et des meubles de qualité qui dureront plus longtemps.

Faites votre pain vous-même et congelez-le pour la semaine.

Privilégiez la marche ou le vélo à la voiture ou aux transports en commun.

Pratiquez le covoiturage lorsque vous ne pouvez éviter d'utiliser votre véhicule.

Passez au numérique

Il existe un nombre grandissant d'applis mobiles pour vous aider à faire des économies. Digit, par exemple, calcule tous les mois ce que vous pouvez épargner en fonction de votre situation bancaire et de vos dépenses, et procède aux virements nécessaires. Installez une appli qui vous corresponde et vous aurez bientôt de quoi faire le tour du monde !

2

Le lagom dans votre famille et autour de vous

Lagom et amitié

En Suède, le respect accordé à la sphère privée est proprement fascinant (et un peu déconcertant au début). En matière d'amitié, les Suédois restent sur leurs gardes. Nouer de forts liens d'amitié prend du temps, mais quand vous y arrivez, c'est pour la vie. Plutôt que de se précipiter, peut-être devons-nous apprendre à ralentir, à prendre le temps de connaître les gens et d'écouter vraiment ce qu'ils ont à dire. Et qui sait ? Il se peut que nous nous fassions de nouveaux amis dans les circonstances les plus inattendues !

« Lorsque vous parlez, vous ne faites que répéter ce que vous savez déjà, alors que lorsque vous écoutez, vous pouvez apprendre quelque chose de nouveau. »

Le Dalaï-Lama

L'ART D'ÉCOUTER

En conversant avec des Suédois, vous vous apercevrez qu'ils ne coupent que très rarement la parole. Le volume reste toujours mesuré (même quand le schnaps est de la partie), et les pauses sont parfaitement admises. Aux oreilles des Britanniques, cela peut sembler atrocement embarrassant. De par notre culture, nous avons une telle horreur des blancs dans la conversation que nous rebondissons avant même que l'autre ait fini sa phrase. Ces silences ne gênent en rien les Suédois et, plutôt que de les remplir par des propos précipités, ils les meubleront par des sons, comme une bruyante inspiration, voire un petit fredonnement. Cela leur donne le temps de réfléchir à une réponse appropriée.

Ce mode de communication fonctionne moyennement bien dans un cocktail, mais il prend tout son sens lors de discussions en plus petit comité car cela permet à chacun d'exprimer son point de vue, comme le veut la tradition de justice et d'égalité du lagom.

La prochaine fois que vous vous retrouverez avec des amis ou des collègues, je vous mets au défi d'essayer. Parlez plus lentement. Écoutez vraiment les autres et méditez leurs paroles, prenez le temps d'élaborer la réponse la plus pertinente. Une fois que vous aurez adopté ce rythme plus lent, vous vous rendrez compte à quel point parler sans craindre d'être interrompu est reposant. Et il se peut que vous appreniez des choses très intéressantes sur votre interlocuteur !

La franchise en toute circonstance

En Angleterre, on appelle cela « être direct », mais les Suédois parlent plus volontiers de franchise et prisent la vérité par-dessus tout. Il existe ici un dicton qui dit : « Mieux vaut un “non” franc qu’un “oui” hypocrite. »

Mettons qu’un Suédois remarque votre nouvelle coiffure. Il ne prétendra jamais l’aimer si ce n’est pas le cas, mais il ne commettra pas l’impolitesse de vous dire qu’elle ne lui plaît pas, à moins que vous soyez très proches. Il s’en tiendra à un silence courtois. La franchise au sens lagom du terme – c’est-à-dire sans excès non plus – fait des Suédois des interlocuteurs particulièrement fiables. Et, même si leurs remarques peuvent vous paraître blessantes, cela vous évite au moins de vous afficher durant des mois avec une coiffure désastreuse. Quelque chose à méditer la prochaine fois qu’un ami vous demandera votre avis…

« Un ami,
c’est quelqu’un
qui connaît la musique
de votre cœur et peut vous
la chanter même quand
vous avez oublié
les paroles. »

Donna Roberts

La politesse des rois

J'ai honte de l'admettre, mais je ne suis pas vraiment connue pour ma ponctualité. Le fait de le savoir ne rend pas la chose plus acceptable, mais je ne suis pas la seule dans ce cas. Que ce soit au travail, à l'école, à la salle de gym ou à une fête, nous sommes nombreux, dans le monde entier, à arriver après l'heure requise. Les Suédois constituent une exception notable. Si vous organisez un dîner, attendez-vous à voir tous vos invités à votre porte avant même que vous ayez fini de vous sécher les cheveux.

« Pourquoi cela ? » ai-je demandé à Sofia, mon amie la plus ponctuelle. « En Suède, les horaires sont toujours respectés – bus, trains, rendez-vous médicaux, etc. Les gens attendent donc des autres qu'ils soient à l'heure », m'a-t-elle répondu.

Dans une nation qui ne plaisante pas avec l'agenda, l'exactitude est la clé. Et, bien que les conventions sociales varient d'un pays à l'autre, il y a de nombreux avantages à se montrer ponctuel.

Six bonnes raisons d'être à l'heure

+ Cela témoigne du respect et l'attention que vous portez à l'autre.

+ Vous ferez partie de ceux sur qui on peut compter.

+ Vous renverrez l'image d'une personne appliquée et professionnelle.

+ Vous y gagnerez en calme et en organisation.

+ Vos parents et vos proches prendront exemple sur vous.

+ Les Suédois vous en seront reconnaissants.

Une attention exclusive

C'est agaçant, ces téléphones, vous ne trouvez pas ? Ils sont toujours là, dans votre poche ou sur la table entre vous et votre ami, à biper, à vibrer, à vous supplier de les regarder (tout ça pour voir une photo du déjeuner de votre copine Sarah). Vivement que votre vis-à-vis aille faire un tour aux toilettes pour pouvoir répondre ! Malheureusement, c'est devenu une habitude. Or, les psychosociologues conseillent aujourd'hui de laisser son téléphone à la maison, ou au moins au fond de son sac, afin d'accorder toute son attention à son interlocuteur. J'ai remarqué qu'en Suède, même si les gens posent parfois leur smartphone sur la table, ils le laissent en mode silencieux et tournent l'écran vers le bas en signe de respect. Nous pouvons tous faire un effort pour apprécier le moment présent et, plutôt que de se précipiter sur Facebook sitôt que l'autre a le dos tourné, rester assis à se détendre, réfléchir à ce qui vient d'être dit ou simplement s'imprégner de l'atmosphère.

« L'amitié n'est pas une grande chose. C'est un million de petites choses. »

L'ART DE LA *FIKA*

Fika (n.) : prendre le temps d'un café, d'une collation et d'une conversation entre amis.

La *fika* est un rituel social suédois consistant à faire une pause avec un café et un petit en-cas. Mais c'est aussi beaucoup plus que cela. C'est un moment de détente et de *umgås* – de « vivre-ensemble » –, et l'occasion de prendre des nouvelles d'un parent ou d'un proche. Une parenthèse dans le stress et les contraintes de la vie quotidienne.

La beauté de la *fika* réside dans sa simplicité. Vous pouvez la faire n'importe où – dans votre cuisine, au café du coin, sur la plage ou même au bord de la route. Et à n'importe quel moment – matin, midi, fin d'après-midi ou début de soirée (quoique le café ne soit guère indiqué passé une certaine heure, même selon les standards suédois !). Tout ce qu'il vous faut, c'est une tasse de café (ou toute autre boisson chaude) et, si l'envie vous en prend, d'une gourmandise quelconque (les roulés à la cannelle sont ici particulièrement appréciés). Le but est d'interrompre ce que vous êtes en train de faire pour apprécier les choses simples de la vie.

Le jargon *fika* !

+ ***Fikasugen*** – une envie irrépressible de *fika*.

+ ***Fikarum*** – au bureau, la pièce qui sert à la *fika*.

+ ***Fikapaus*** – interrompre sa tâche pour faire une *fika*.

L'instant *fika*

Je n'oublierai jamais ces deux adolescentes assises sur une plage danoise, partageant une couverture et une Thermos de café au coucher du soleil, leurs visages animés éclairés par la lumière ambrée. Ce moment unique ne leur avait pas coûté le moindre centime, mais leur joie était palpable.

Café

Procaféiner (v.) : remettre une décision ou l'exécution d'une tâche au moment où vous aurez enfin pris un café.

La première fois que j'ai bu un café en Suède, j'ai cru m'empoisonner. J'ai eu un coup de chaud, mes paumes se sont mises à me démanger, et mon rythme cardiaque s'est accéléré. Ma petite cuiller aurait pu tenir à la verticale dans ma tasse ! Dans un pays qui se classe parmi les trois plus gros consommateurs de café au monde, les Suédois avalent en moyenne trois à cinq tasses par jour, hissant leur tolérance à la caféine à des sommets insoupçonnés – aidés en cela par le fait que, dans de nombreux cafés, il est possible de *påtar* (se resservir gratuitement).

En raison de la publicité négative qui lui est faite, vous serez sans doute surpris d'apprendre que boire plusieurs tasses de cette boisson par jour peut avoir un effet bénéfique. Outre que les grains de café contiennent des antioxydants et d'autres nutriments, des études montrent qu'une consommation élevée est bonne pour le cœur[28], qu'elle réduit de 30 % les risques de sclérose en plaques[29] et pourrait même nous prémunir contre une récidive du cancer du sein[30]. Qui veut un *latte* ?

Les douceurs
à la suédoise

Ayant moi-même profité de nombreuses *fika*, je peux témoigner que les Suédois ont le bec sucré. *Dammsugare* (une savoureuse spécialité au punsch[XII] nappée de pâte d'amande et de chocolat à ses deux extrémités), *chokladbollar* (boule de gâteau au chocolat enrobée de noix de coco râpée) et autres *kanelbullar* (roulés à la cannelle) sont l'ordinaire de toute *fika* qui se respecte. Ces pâtisseries sont de taille raisonnable – justes assez copieuses pour caler votre petit creux, mais pas suffisamment pour vous plonger dans un coma diabétique. Autrement dit, lagom !

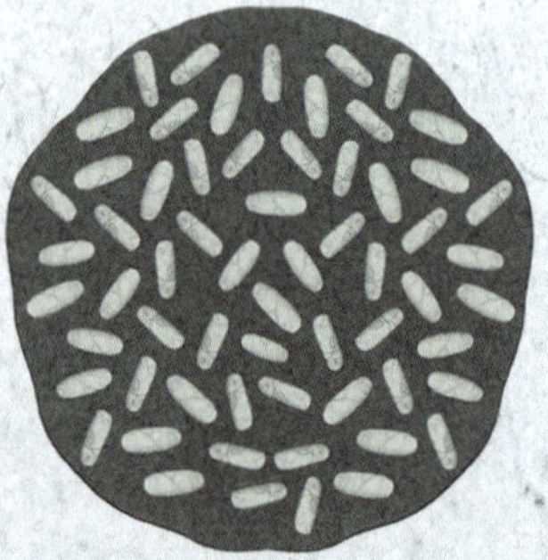

+ Chokladbollar

+ Kanelbullar

+ Dammsugare

+ Hallongrottan

+ Pepparkakor

+ Semla

LA RECETTE DE GRAND-MAMAN OLGA JEPSSON
DES ROULÉS À LA CANNELLE

Une *fika* n'en est pas vraiment une sans son délicieux *kanelbullar*, ou roulé à la cannelle. C'est une telle institution qu'on lui a consacré une journée nationale (le 4 octobre). Il existe autant de variantes que de familles suédoises, et sa recette remonte souvent à plusieurs générations. La famille de mon mari ne fait pas exception.

Pour 10 à 12 roulés

Pour la pâte :
+ 450 g de farine (et un peu plus pour le saupoudrage)
+ 50 g de sucre semoule ou de sucre cristal
+ 25 g de levure sèche
+ ¼ de cuiller à café de sel
+ 75 g de beurre
+ 250 ml de lait chaud

Pour la garniture :
+ 75 g de beurre fondu
+ 60 g de sucre muscovado ou de cassonade
+ 2 à 3 cuillers à soupe de cannelle

Pour les finitions :
+ 1 œuf battu ou du lait pour le glaçage
+ Du sucre glace pour le saupoudrage final

1. Préchauffez votre four à 200 °C.

2. Commencez par la pâte. Mélangez les ingrédients secs dans un bol à mixer, puis incorporez le beurre, soit en vous servant du crochet à pétrir de votre mixeur, soit avec vos doigts, jusqu'à obtenir une texture de sable humide.

3. Ajoutez lentement le lait chaud tout en continuant à pétrir. Si le pâton obtenu vous colle aux doigts, saupoudrez-le de farine.

4. Couvrez le bol d'un torchon propre et sec, et laissez lever la pâte pendant une heure.

5. Posez votre pâte sur un plan de travail préalablement fariné et pétrissez-la pendant 5 bonnes minutes jusqu'à ce qu'elle devienne lisse et brillante. Passez-la au rouleau à pâtisserie pour obtenir un rectangle d'environ 1 cm d'épaisseur.

6. Pour la garniture, badigeonnez votre pâte de beurre fondu et saupoudrez de sucre et de cannelle.

7. Roulez votre pâte dans la longueur et découpez des cylindres de 3 cm d'épaisseur. Disposez vos cylindres à l'horizontale sur une plaque de cuisson recouverte de papier sulfurisé à distance les uns aux autres. Couvrez d'un torchon et laissez reposer 45 minutes.

8. Enduisez les cylindres d'œuf battu (ou de lait) et saupoudrez de sucre glace, puis enfournez pendant 15 minutes. Les roulés doivent avoir une coloration brun doré, se décoller facilement du papier cuisson et sonner creux quand vous les tapotez par en dessous.

9. Sortez-les du four et laissez-les refroidir sur un plateau. Une fois à la bonne température, dégustez-les rapidement ou conservez-les dans une boîte hermétique pendant deux à trois jours. On peut aussi les mettre au congélateur (idéal pour recevoir des amis à l'improviste !)

RECEVOIR, FAÇON LAGOM

En raison des taxes élevées, boire un verre ou manger au restaurant en Suède a toujours été coûteux. Bien que les prix soient plus raisonnables aujourd'hui, les Suédois s'inviteront mutuellement chez eux plutôt que de sortir en ville. Les réceptions de ce genre sont assez informelles – l'idée est de faire simple. Il m'est déjà arrivé d'aller dîner chez des gens qui s'étaient mis en quatre pour accueillir leurs invités, mais une soirée où chacun amène des chips ou ce qu'il a dans le frigo (voire ses couverts et sa table si nous sommes nombreux) n'a rien d'inhabituel. Fidèle aux principes du lagom, chacun contribue ainsi à la réussite d'une petite sauterie à la bonne franquette.

Quatre activités simples
à faire entre amis

La prochaine fois que vous vous apprêtez à refuser de voir vos amis par manque de temps, d'énergie ou de moyens, pourquoi ne pas plutôt suggérer une des idées suivantes ?

Un pique-nique. Aux beaux jours, le pique-nique est le repas facile par excellence. Il demande une organisation minimale (chacun apporte ce qu'il a), peu de préparation (pas de maison à ranger ou de grosses courses à faire), on peut le faire n'importe où (quoique, pour ma part, je privilégie le bord de l'eau), et c'est très amusant. Croisez simplement les doigts pour que le temps se maintienne !

Un barbecue. Passez un coup de brosse sur le gril, et vous voilà prêt pour un barbecue sans façon dans votre jardin, dans les bois ou sur la plage. Attention, je ne parle pas d'en mettre plein la vue à vos convives avec des queues de homard à la braise. L'idée, c'est encore de faire au plus simple, et que chacun apporte quelque chose à mettre sur le gril.

Un après-midi gaufres. N'espérez pas dîner après. En Suède, les gaufres sont une institution au moins aussi célèbre que la *fika*. Elles sont simples à préparer (versez simplement votre pâte maison dans un appareil à gaufres), faciles à accommoder (j'aime les miennes avec de la confiture de fraise et de la crème Chantilly) et ont du succès à tout âge.

Un grand ménage et un feu de camp. Au printemps, les Suédois qui vivent en appartement dans des résidences pourvues d'un jardin collectif organisent un *städdag*, un jour de grand nettoyage d'extérieur. Que vous ayez votre propre jardin ou que vous partagiez un espace commun, pourquoi ne pas inviter quelques amis à ratisser les feuilles, tailler la haie et arracher la mousse pour en faire un grand feu de camp ?

Rester au chaud comme un Suédois

Promenez-vous dans n'importe quel centre-ville en Suède et vous verrez des gens s'obstiner à rester sur la terrasse des bars et des restaurants bien après le coucher du soleil. Pourquoi ? Il y a des plaids en laine polaire à leur disposition sur le dossier des chaises prêts à être déployés au moindre signe de refroidissement. Si vous organisez une petite fête à l'extérieur, prévoyez un panier de couvertures (elles n'ont pas besoin d'être assorties) pour parer à toute chute de température. Elles sont idéales pour s'y blottir et poursuivre les festivités jusqu'au bout de la nuit !

Couple et lagom

Il peut sembler étrange de commencer par parler d'indépendance dans un chapitre sur le lien à l'autre, mais je me suis rendu compte que c'était là une chose fondamentale pour appréhender une relation avec un Suédois. Voyez-vous, l'indépendance est un pivot de la société suédoise. Tout le système est conçu pour que chacun puisse se débrouiller seul : par exemple, avoir des crèches largement subventionnées signifie qu'une fois le congé parental terminé, on attend d'un individu qu'il se remette au travail (à moins d'en être physiquement ou mentalement incapable) et contribue au revenu du ménage. L'indépendance est la condition d'une relation saine et équilibrée.

TROUVER L'ÉQUILIBRE

J'ai appris qu'assumer les responsabilités à parts égales dans tous les domaines joue un rôle essentiel dans la vie de couple. Qu'il s'agisse du travail, des tâches ménagères, de l'éducation, du sexe ou simplement de laisser à l'autre un espace pour s'épanouir dans ce qu'il aime, faire sa part est la clé de l'équilibre.

Être ensemble… mais pas trop

Pays plutôt libéral, la Suède fait preuve d'une grande tolérance en matière de sexe et de relations conjugales (c'est d'ailleurs le septième pays au monde à avoir légalisé le mariage pour les personnes de même sexe, en 2009). Et, dans cette culture qui prône l'indépendance, il est parfaitement acceptable pour un couple de vivre sous le même toit (ou dans des lieux séparés) sans être marié. Deux partenaires qui n'habitent pas ensemble sont dans une relation dite *särbo*, tandis qu'on appelle *sambo* ceux qui vivent conjugalement sans que leur union ait été officialisée par les liens du mariage. Il n'est pas inhabituel de voir des gens partager leur vie depuis quarante ans sans s'être jamais mariés.

Quelles qu'elles soient, les relations de couple en Suède reposent sur des principes essentiels, indissociables de la philosophie lagom : bienveillance, respect et entraide – dans tous les domaines !

L'égalité dans le couple

Pas étonnant que la Suède soit reconnue comme le pays le plus avancé en matière d'égalité des sexes : c'est une valeur pour laquelle tous les Suédois se sont battus et dont ils sont extrêmement fiers, même s'ils vous diront qu'il reste encore beaucoup à faire. Répartir les responsabilités équitablement au sein du couple et faire confiance à l'autre pour s'acquitter de sa part permet de vivre une relation impartiale, à laquelle chacun contribuera de façon lagom. C'est la clé d'une existence équilibrée. Hourra !

1974

L'année où la Suède a remplacé le congé maternité par le congé parental.

480

Le nombre de jours de congé parental, qui peuvent être partagés.

85 %

La proportion de pères suédois qui prennent leur congé parental.

Partager les tâches ménagères

Il y a quelques années, je me suis retrouvée à devoir coudre ensemble deux morceaux de tissu (ce que je ne fais jamais !). J'ai emprunté une machine à coudre et me suis mise au travail comme j'ai pu. Un peu plus tard, mon mari est apparu, m'a demandé ce que j'essayais de faire et a pris ma place. Il lui a suffi de quelques minutes pour confectionner deux magnifiques housses de coussin. J'en suis restée bouche bée. « On a appris ça à l'école », a-t-il expliqué en haussant les épaules.

On enseigne aux Suédois dès leur plus tendre enfance que les tâches ménagères doivent être réparties selon les affinités et non en vertu du genre. Un as des fourneaux, par exemple, prendra en charge tout ce qui touche à la cuisine, quand d'autres préféreront écumer les rayons des supermarchés ou faire la lessive (il doit bien exister quelqu'un qui aime ça !). Et si personne ne se porte spontanément volontaire, c'est chacun son tour.

Du temps pour soi

Se partager les responsabilités avec votre conjoint est une excellente façon d'équilibrer votre vie et de libérer du temps pour les choses que vous aimez faire – seul ou à deux. Dans un pays qui accorde une grande importance à l'indépendance, dégager du temps sans sa moitié et encourager des activités telles que voir un ami, mener à bien un projet qui nous passionne, se rendre dans une salle de sport ou s'atteler à un nouveau hobby est la clé d'une relation saine, équilibrée et lagom.

De la bienveillance en toute circonstance

« Aimez-moi quand je le mérite le moins, car c'est alors que j'en ai le plus besoin. »

Proverbe suédois

Vous cherchez le secret d'une relation durable et épanouie ? D'éminents experts de la question affirment qu'il réside dans la bienveillance et la générosité à l'égard de l'autre[31]. Comme pour tout dans le lagom, point besoin de grandes démonstrations – des gestes attentionnés qui ne demandent que peu efforts sont tout à fait susceptibles de mettre un sourire sur le visage de l'être aimé, et pour longtemps ! Mon mari, par exemple, n'est pas avare de ces attentions, comme m'apporter mon café au lit, m'acheter mon chocolat préféré ou m'envoyer des textos prévenants. Rien de renversant, mais de petites choses qui éclairent un peu plus ma journée !

Cinq manières simples de montrer à votre moitié l'attention que vous lui portez

+ Demandez-lui : « Y a-t-il quelque chose que je puisse faire pour toi aujourd'hui ? »
+ Laissez un petit mot gentil dans le livre qu'elle est en train de lire.
+ Surprenez-la en lui apportant son café ou son thé au lit au moins un jour par semaine.
+ Rapportez-lui sa friandise préférée en rentrant à la maison.
+ Réparez-lui son vélo sans qu'elle vous l'ait demandé.

Sexe et lagom

Pour tout ce qui touche à la chambre à coucher, les Suédois sont réputés pour leur libéralisme. Mon mari se souvient encore avec un sourire de la fois où il m'a rendu visite chez mes parents. Nous avions alors une vingtaine d'années, et il a fallu faire chambre à part ! En Suède, les parents, globalement plus décontractés, mettent un point d'honneur à aborder la question avec leurs enfants. Et, s'il doit se passer quelque chose, mieux vaut que ce soit sous leur toit, en toute sécurité (pourvu que les protagonistes aient l'âge légal), plutôt que derrière leur dos. Quelle attitude rafraîchissante !

UN MARIAGE À LA SUÉDOISE

J'ai emménagé en Suède quand nous avions environ vingt-cinq ans, aussi nos premiers étés furent-ils ponctués de nombreux enterrements de vie de jeune fille/garçon et de mariages – des deux côtés de la mer du Nord.

Tous étaient mémorables, chacun à sa façon, mais j'ai observé que les enterrements de vie de jeune fille/garçon en Angleterre avaient tendance à être plus extravagants (impliquant souvent des vols et des nuits d'hôtel) que leur équivalent suédois, où il n'est question que de trouver de nouvelles façons de s'amuser – le plus souvent en restant près de chez soi. Cette remarque vaut également pour le jour J : un mariage suédois est une affaire relativement simple, où il incombe à chaque invité d'en faire un moment inoubliable (et je ne parle pas seulement d'aller s'éclater sur la piste de danse).

Tout bien considéré, un mariage suédois est une fois encore question d'équilibre – il s'agit avant tout d'être ensemble, en restant dans un budget raisonnable.

L'enterrement de vie de jeune fille/garçon suédois

Oubliez les fêtes débridées à Ibiza ou les week-ends luxueux au spa. En Suède, on le conçoit comme un événement très personnel et véritablement inoubliable, dont l'une des finalités est de créer des liens entre les différents protagonistes du mariage. La tradition veut que le témoin l'organise dans le dos du futur marié, qui voit ses proches débarquer le matin à l'improviste au terme d'une attente fébrile. Car, si la victime sait globalement ce qui l'attend, cela peut être n'importe quel jour avant le mariage ! Durant les mois qui précèdent, les complices se mettent d'accord sur la date (voire les dates s'il s'agit d'un week-end) et sur le type d'activités, comme un pique-nique, une chasse au trésor, une virée en boîte ou sur un bateau. Plus c'est original et mémorable, mieux c'est ! L'événement est rarement quelque chose de coûteux, et d'autant plus amusant qu'il est à la portée de tous. D'après ce que j'ai pu en voir, la touche personnelle garantit de merveilleux souvenirs pour les années à venir.

Comment organiser un enterrement de vie **de jeune fille/garçon à la suédoise ?**

Fixez une date. Contactez le ou la promise de votre victime pour choisir le jour (sans que l'intéressé soit au courant, cela va de soi). Charge à votre complice de se débrouiller pour que le jour (ou le week-end) en question reste libre (ce qui peut impliquer un petit mensonge de sa part), de vous fournir une liste des personnes à inviter et de préparer un sac pour l'événement.

Organisez un *brainstorming*. Il est de coutume que le groupe ainsi désigné échange des idées en secret. C'est l'une des parties les plus amusantes et cela permet de souder les liens. Les suggestions d'activité vont du plaisant (pique-nique au parc, virée au sauna ou en pleine nature) au plus dingue (écrire une chanson et aller la chanter dans la rue pour collecter des fonds pour le mariage).

Faites un budget et respectez-le. La question financière est également au cœur de la discussion. Il importe que chacun s'y retrouve. Après tout, l'enjeu est de réunir les plus proches des mariés et de passer du bon temps ensemble avant le jour J. Assurez-vous que tout le monde est à l'aise avec le budget et que vous ne le dépasserez pas afin que personne n'ait besoin de mettre la main à la poche par la suite.

Répartissez-vous les tâches. Une fois l'activité choisie, les responsabilités seront distribuées aux membres du groupe. Par exemple, l'un aura pour mission de créer une playlist, l'autre un jeu, et un troisième se chargera de réserver un restaurant ou de préparer un pique-nique. Personne ne doit avoir trop à sa charge. Cela doit rester un effort collectif.

Peaufinez votre kidnapping. La façon dont vous surprenez votre victime donne le ton. Le timing et le style sont cruciaux ! Le plus souvent, le groupe se matérialise à la porte de la victime, voire au pied de son lit. D'après mon expérience, la version féminine opte en général pour une approche plus douce, mais un enterrement de vie de garçon ne serait pas ce qu'il est sans un rapt musclé ! Parfois, les proches se font plaisir en organisant un faux enlèvement : ils demandent par exemple au futur marié de se rendre à un rendez-vous bidon vêtu d'un costume de lapin et en le laissant poireauter plusieurs heures avant qu'il ne rentre chez lui. Le véritable enterrement peut avoir lieu plusieurs semaines plus tard – intervalle durant lequel les participants se seront bien gaussés. Cruel ? Un peu. Mais si c'est bien fait, tout le monde en rira pendant longtemps.

LE MARIAGE LAGOM

Pour ce que j'en ai vu, les mariages suédois sont rarement extravagants. En fait, ils sont souvent très beaux et à l'image des mariés. Le grand jour reste un événement modeste – plus modeste que la moyenne, en tout cas – et, comme pour toute autre fête en Suède, le plus important est d'être ensemble et de s'amuser.

C'est d'autant plus pertinent aujourd'hui, alors que le mariage est une affaire ruineuse dans de nombreux pays – le coût d'un mariage aux États-Unis a augmenté de 4 700 € au cours des cinq dernières années pour atteindre les 25 000 € en moyenne (sans compter la lune de miel). Le stress que suppose l'organisation d'un événement de cette ampleur détourne l'attention du sens même du mariage, et signifie souvent que votre vie de jeunes mariés débutera par des dettes à rembourser. Une étude de l'université Emory à Atlanta révèle que la durée de vie d'un mariage est inversement proportionnelle aux sommes que l'on dépense pour le jour J[32] !

L'étude montre que les gens qui déboursent 25 000 € pour leur mariage ont 3,5 fois plus de chance de divorcer que ceux qui dépensent entre 4 000 et 8 000 €. Et il est intéressant de noter que les mariages ayant coûté moins de 800 € sont les plus susceptibles de durer[33].

Si cet argument ne suffit pas à vous convaincre de modérer vos dépenses en la matière, je ne sais plus quoi vous dire ! Si vous prévoyez de vous marier, voici quelques conseils pour maîtriser vos coûts, et ainsi vous donner les meilleures chances de succès le jour J et pour le reste de votre vie conjugale.

Un petit coup de main de vos amis

Les gens adorent être impliqués dans la préparation d'un mariage. Parmi vos invités, il s'en trouve certainement un ou plus qui possèdent des compétences particulières qui pourraient vous être utiles. Demandez-leur poliment leur aide – mais assurez-vous qu'ils profitent aussi de l'événement !

Passez votre liste d'invités en revue et voyez s'il ne s'y cache pas :

+ Un chanteur
+ Un photographe
+ Un coiffeur
+ Un maquilleur
+ Un fleuriste ou un décorateur

Photographie

J'ai été invitée à de nombreux mariages suédois où des invités eux-mêmes se chargeaient des photos. Il en résulte des clichés informels et décontractés – parfaitement lagom. Demander à un ami photographe de travailler un tel jour est un peu limite, mais vous trouverez sans doute parmi vos invités un grand timide amateur de belles images qui ne sera que trop heureux de passer la soirée caché derrière son objectif. Dans le cas contraire, avec tous vos convives armés d'appareils compacts et de smartphones, vous ne manquerez pas de matière pour nourrir votre album.

Le cadre bucolique

La location d'une salle coûte souvent très cher. En Suède, les gens sont autorisés à se marier où ils veulent, ce qui donne lieu à de merveilleux décors – au bord d'un lac, dans la forêt, dans une clairière ou même en haut d'une montagne. La cérémonie est suivie d'un dîner dans une maison de campagne, une salle communale ou un jardin. L'essentiel, c'est de rester à proximité de la nature, une toile de fond souvent plus enchanteresse qu'un intérieur empesé – et c'est gratuit !

En cas de pluie, les plus sages auront pris soin d'emprunter de quoi s'abriter. Cela dit, j'ai une fois assisté à un mariage – un de ceux auxquels je me suis le plus amusée – où les gens avaient tous apporté leur parapluie et leurs bottes en caoutchouc pour se changer au milieu de la cérémonie. Au moins, les photos de mariage sont originales !

Plan de tables

Dans beaucoup de pays, il est de coutume que les mariés et leurs proches mangent à une table séparée du reste de la noce, voire surélevée pour pouvoir embrasser du regard l'ensemble des invités. En Suède, on opte plus volontiers pour un plan en U ou en M, où la table des mariés se retrouve au centre et connectée aux autres tables. Ces longues rangées créent un climat détendu, et les convives peuvent facilement converser avec les époux et leur garde rapprochée.

Si vous souhaitez vous marier à la suédoise, ne vous souciez pas de perfection. Des chaises dépareillées, des fleurs dans un pot de confiture ou des bougies branlantes composent une atmosphère décontractée, et un joli décor en prime.

Les discours

En Suède, le rôle du maître de cérémonie prend tout son sens quand le *bröllopsmiddag* (le dîner) commence. Il ou elle programme les nombreux discours. Qu'il s'agisse d'une anecdote, d'une chanson ou même d'un poème, les invités sortent de leur zone de confort pour rendre hommage aux tourtereaux tout au long de la soirée. Ces contributions attentionnées créent une touche vraiment personnelle.

Il peut sembler difficile de s'affranchir des codes imposés par ce type d'événement. Par exemple, au Royaume-Uni ou aux États-Unis, on trouverait bizarre que quelqu'un face un discours s'il n'est pas témoin, parent proche ou membre de la garde rapprochée des mariés. Mais il y a d'autres façons de s'amuser, en agrémentant les festivités d'éléments inattendus. Que diriez-vous d'un jeu de mariage suédois ?

Quatre jeux de **mariage suédois**

Le jeu de la chaussure. Le témoin demande discrètement aux invités de poser des questions au couple, allant de l'innocent « Qui contrôle la télécommande ? » au plus aventureux « Qui a fait le premier pas ? » Les jeunes mariés sont assis sur leur chaise, dos à dos, chacun tenant une de ses chaussures et une chaussure de l'autre (dans un mariage homosexuel, ça marche mieux si les chaussures sont de couleur différente), et doivent lever celle qui répond le mieux à la question.

Baisers à la demande ! Les Suédois adorent voir les époux s'embrasser, à tel point, même, qu'ils ont inventé un jeu pour s'assurer qu'ils le font le plus souvent possible. Si un invité fait tinter son verre durant le *bröllopsmiddag*, les jeunes mariés savent qu'ils doivent échanger un baiser sans quitter leur siège ; un tambourinement de pieds collectif leur enjoint de se lever sur leur chaise pour le faire. Et si les convives frappent du poing sur la table, il est temps pour les amoureux de se réfugier sous la table pour se bécoter à l'abri des regards indiscrets.

Vous pouvez (tous) embrasser la mariée. Lors d'un mariage suédois, le ou la mariée se retiendra d'aller aux toilettes jusqu'au dernier moment. Car, dès que l'un des époux est hors de vue, la noce tout entière fait tinter son verre et tous ceux ou toutes celles qui le souhaitent vont faire un bisou sur la joue du conjoint resté seul.

Sånghäfte (livret de chants). Sachant que je chante comme une casserole, imaginez mon horreur quand je me suis retrouvée à mon premier mariage suédois et que j'ai découvert un livret de chansonnettes au centre de ma table (c'est en réalité une pratique commune à tous les mariages). Le *sånghäfte* intègre un certain nombre de *snapsvisor* (chansons à boire). Quelqu'un parmi la noce appellera un numéro, et tout le monde se mettra à brailler la chanson correspondante, en s'aidant au besoin des paroles. La fin de la chanson est ponctuée par un « *Skål !* » jovial (« Santé ! ») et un shot de schnaps (note : il est possible que vos talents lyriques s'améliorent au fil de la soirée).

Lagom et éducation

Mère de trois enfants, je suis la première à admettre que, quoique gratifiante, l'éducation des enfants est un véritable défi. À une époque où on nous dit qu'on peut tout avoir – une carrière, des enfants et du temps pour soi –, il faut savoir jongler et être prêt à courir en permanence. On fait simplement du mieux qu'on peut, avec l'impression que ça ne suffit jamais ! Comment voir les choses autrement ?

NOUS NE SOMMES PAS SURHUMAINS

Et si nous nous faisions à l'idée qu'il n'est pas besoin de déplacer des montagnes pour être un bon parent ? Que nos enfants tireront un grand bénéfice de la modération en toute chose, qu'il s'agisse de notre attention exclusive, du temps passé avec leurs amis, du temps à s'ennuyer, jouer, faire du sport, regarder les écrans, prendre l'air, apprendre… ? En mettant moins de pression sur nos épaules et sur celles de nos petits, en leur laissant la place de s'épanouir, nous pouvons tous trouver un meilleur équilibre.

Du temps en tête à tête

En tant que parents, nous passons notre vie à courir partout, dans l'espoir d'assurer à tous les niveaux : au travail, à la maison, partout… Résultat : consacrer du temps à nos enfants – et j'entends par là leur porter une attention exclusive – n'est pas toujours prévu au programme. Et si nous commencions à nous dire qu'il n'est pas nécessaire de passer des heures avec nos enfants tous les jours, surtout les plus chargés ? Et si nous mettions la barre un peu moins haut ? Et s'il leur suffisait de quelques minutes chaque jour pour se sentir estimés, aimés, soutenus et méritants ?

Quand mes enfants étaient tout petits, ma grande sœur m'avait conseillé de prendre un peu de temps tous les jours pour partager une activité avec eux seuls – qu'il s'agisse d'une activité importante comme d'aller au musée, ou plus modeste telle que dessiner, lire un livre ou faire un puzzle. Dans le pur esprit lagom, ce genre de moment, simple mais qui n'appartient qu'aux enfants, est le plus beau cadeau que vous puissiez leur offrir. Leur dire que votre porte est toujours ouverte s'ils ressentent le besoin de parler, d'aller se promener à pied ou à vélo sont autant de merveilleuses façons d'être là pour eux. Les laisser venir à vous vous libérera non seulement de la pression (et de cette culpabilité parentale qu'on ressent si souvent), mais donnera à votre enfant l'attention qu'il réclame. Et il y a fort à parier que ce soit le plus précieux moment de votre journée à tous les deux !

Congé parental

En vous promenant dans une ville suédoise n'importe quel jour de la semaine, attendez-vous à croiser une ribambelle d'hommes poussant leur bébé ou lui donnant à manger des purées maison. Le fameux « *latte pappa* » est un personnage de la vie quotidienne grâce au généreux congé parental de 480 jours accordé par les autorités suédoises. Les deux parents sont encouragés à partager ce congé équitablement, et il peut se poser n'importe quand entre la naissance de l'enfant et ses douze ans.

Mon époux a pris six mois de congé pour notre fille après que j'ai repris une activité professionnelle – et je dois dire que les bénéfices ont été, et sont toujours, immenses. J'ai pu me remettre au travail en sachant que ma fille était entre les meilleures mains. Et cela s'étend aux rendez-vous médicaux et aux activités extrascolaires. Nous avons ainsi pris conscience que nous étions responsables à parts égales de l'éducation de nos enfants, et que nous avions tous les deux la possibilité de poursuivre notre carrière sans sacrifier l'attention que nous leur portons. C'est important pour nos enfants de le savoir.

Dans beaucoup de pays, on considère à tort que les femmes sont plus naturellement enclines que les hommes à s'occuper des enfants et à passer du temps avec eux à la maison. J'ai évoqué la question avec beaucoup d'hommes et de femmes qui, à l'occasion de leur congé parental, ont découvert que ce penchant dépend du caractère de chacun et non d'une prétendue prédisposition liée au genre. Il y a autant de femmes que d'hommes à qui le travail manque et qui s'y remettent avant la date prévue. Et autant d'hommes que de femmes qui adorent chaque minute de leur congé parental. Mais c'est moins la joie que vous en retirez qui importe que la possibilité ainsi donnée d'assumer votre rôle de parent.

Un sondage américain[34] a révélé que, lorsqu'on demandait aux gens quel était leur plus grand regret dans la vie, ne pas avoir passé assez de temps auprès de leur famille figurait parmi les premières réponses. Quant aux enfants, j'ai pu me rendre compte qu'ils sont tout aussi heureux d'avoir leur père que leur mère pour les relever quand ils tombent, leur préparer leurs petits plats préférés ou danser avec eux toute la matinée – tant qu'ils passent autant de temps avec leurs deux parents au cours des premières années de leur existence. Alors assurez-vous que chacun ait sa part de change, de genoux écorchés, de maladies infantiles, d'accompagnement scolaire et de spectacle de fin d'année. Tout le monde y gagnera !

Les enfants ont besoin de s'ennuyer

« Quand on veut chanter, on trouve toujours une chanson. »

Proverbe suédois

On a souvent tendance à croire que nos enfants ont besoin d'être stimulés en permanence. Mais j'ai remarqué que les Suédois ne multiplient pas outre mesure les activités extrascolaires. En fait, des experts ont confirmé que les « temps calmes » sont tout aussi importants, voire plus importants, que les activités encadrées, car ils permettent à votre enfant de développer des capacités essentielles, comme de nouer des amitiés, comprendre des émotions et se servir de son imagination. Donc la prochaine fois que vous entendrez le vôtre pleurnicher « J'M'ENNUIIIIIIE ! », encouragez-le dans cette voie. Il y a une chance pour qu'il invente ainsi le plus amusant des jeux !

UNE APPROCHE LAGOM DES JOUETS

Nous faisons tout notre possible pour rendre nos enfants heureux, en leur procurant les choses les plus basiques telles que de la nourriture, des vêtements et un foyer aimant, mais également tous les jeux, les jouets et les livres dont ils ont besoin. Mais où devons-nous mettre le curseur ?

Nos grands-parents possédaient peu de jouets – un ours en peluche, par exemple, fort apprécié à l'époque et encore maintenant. Les chambres des enfants d'aujourd'hui sont remplies de jouets. Mais est-ce que nos bambins sont plus épanouis sous ces montagnes de d'objets qui bipent, clignotent et gesticulent ? Selon de nombreux pédopsychiatres, trop de jouets – ou des jouets inadaptés à l'âge de l'enfant – font plus de mal que de bien.

Des chercheurs britanniques ont ainsi montré que les enfants qui disposent de beaucoup de jouets ont des difficultés de concentration qui peuvent nuire à l'apprentissage et aux jeux[35]. En posséder moins leur permet de développer leur imagination et d'accorder plus d'importance à chacun d'entre eux. Donc la prochaine fois que votre progéniture vous réclamera cette babiole en plastique qui brille près de la caisse, vous pouvez refuser en sachant que c'est dans son intérêt – et pas seulement par peur de marcher dessus pieds nus en pleine nuit !

Dans quels jouets devons-nous investir ? Comme toujours avec le lagom, tout est question d'équilibre. Oui, tous les enfants ont besoin d'un jouet et d'autres outils pour s'amuser, mais il faut aussi leur ménager du temps avec leurs parents, avec leurs amis et tout seuls.

Choisir le bon jouet

Il serait tentant de jeter votre dévolu sur ce colifichet en plastique brillant qui ne demande qu'à être acheté. Mais ce sont souvent les jouets les plus classiques qui durent le plus longtemps et qui aident les enfants à se servir de leur imagination. Par exemple, les Lego, les cubes de bois, les trains électriques et autres jeux de construction encouragent les petits à penser de façon créative et à développer leur débrouillardise autant que leurs compétences motrices, linguistiques et spatiales. De la même manière, les jouets qui stimulent les capacités de scénarisation – tels que les wigwams, les maisons de poupée, les cuisinières et les peluches – sont excellents pour la socialisation, la communication, et pour le développement physique et cognitif.

Investissez donc dans des objets de belle facture, intemporels, plutôt que dans des jouets en plastique. Votre enfant jouera bien plus longtemps avec et les transmettra à la prochaine génération !

Cinq caractéristiques à privilégier dans un jouet

+ On peut en faire plusieurs usages.

+ Il permet les jeux d'exploration.

+ Il encourage l'imagination.

+ Votre enfant l'appréciera même en grandissant.

+ Il n'est pas hyperstimulant (flashs, bips, musique…)

Le coffre à déguisements

S'il est une chose que j'adore, c'est voir mes enfants déambuler vêtus de fabuleux costumes trouvés dans leur coffre à déguisements. Dans mon esprit, un coffre bien pourvu contient de flamboyants ensembles – comme les costumes traditionnels rapportés de lointains voyages (la robe flamenco a toujours beaucoup de succès chez nous) – et des pièces récupérées dans votre propre garde-robe (façon idéale de se débarrasser de cet achat coupable dont vous n'avez pas l'usage). Sans oublier les chapeaux démodés, les bijoux de pacotille et les lunettes farfelues achetés dans une quelconque brocante. Le boa coloré fait toujours son petit effet !

Artisanat traditionnel

Chaque fois que Farmor (la grand-mère paternelle de mes enfants) nous rend visite, les filles ont droit à une journée entière d'activités manuelles traditionnelles. Depuis qu'elles sont toutes petites, elles tricotent, cousent et apprennent le crochet. Elles ont confectionné de nombreux habits pour leurs poupées et arborent des sacs ravissants que leurs petites mains ont assemblés.

Non seulement ces artisanats traditionnels développent idéalement la motricité fine[36], mais ils stimulent la concentration et l'imagination de mes filles. Cerise sur le gâteau, je les vois rayonner de fierté à chaque nouvelle réalisation ! Mais attention, vous risquez de devoir porter un chapeau multicolore un jour ou l'autre…

Vous n'avez plus de colle ? La pâte à modeler a séché ? Pas de problème ! Farmor nous a appris comment fabriquer facilement des éléments de substitution avec ce qu'on peut trouver dans le placard de la cuisine. Mes enfants bricolent eux-mêmes leur colle, mais le matériau le plus populaire reste le *trolldeg* suédois, ou pâte à sel.

COMMENT FAIRE
UN *TROLLDEG* (PÂTE À SEL)

Il vous faut :

+ 200 g de farine
+ 100 g de sel
+ 150 ml d'eau tiède

Comment procéder ?

1. Préchauffez votre four à 110 °C.

2. Mettez la farine et le sel dans un bol à mixer.

3. Ajoutez lentement l'eau en malaxant jusqu'à obtenir une texture de pâte, puis pétrissez cette dernière pour l'assouplir.

4. Donnez-lui la forme qui vous inspire.

5. Cuisez votre création au four pendant une heure.

6. Laissez-la refroidir à température ambiante une nuit entière.

7. Une fois qu'elle sera sèche, vos enfants se feront un plaisir de la décorer avec de la peinture.

DE LA MODÉRATION EN TOUTES CHOSES

Le temps consacré aux écrans est un sujet très à la mode dans la presse et parmi les parents. Combien ? Pourquoi ? Quoi ? Il y a un temps pour tout, même pour ça. Pourquoi ne pas se limiter à une conviviale soirée télé en famille ? C'est une façon idéale de se blottir les uns contre les autres après une longue semaine – et de déguster quelques snacks au passage !

Fredagsmys

Quand j'étais petite, je me souviens que nous nous installions tous les mercredis soir à 19 heures devant *Dallas.* C'était un rendez-vous que j'attendais toute la semaine. Pas pour le feuilleton lui-même (quoique...), mais simplement parce que j'adorais regarder la télé en famille. Dans beaucoup de pays, ces visionnages collectifs se font de plus en plus rares, mais en Suède cela reste incroyablement populaire, au point qu'il existe un terme pour les désigner : *Fredagsmys*, ou *Cosy Friday*[XIII]. Les *Fredagsmys* ne demandent qu'une préparation minimale (à savoir mettre le pop-corn dans le four à micro-ondes) et se pratiquent de préférence sur un grand et confortable canapé. C'est une soirée destinée à passer du temps en famille pour décompresser de sa semaine – il suffit de trouver un programme qui plaira à tout le monde !

La recette d'un *Fredagsmys* réussi

+ Déconnectez vos téléphones et libérez votre soirée.
+ Prévoyez un repas simple et apprécié de tous, comme des pizzas ou des tacos.

+ Choisissez une activité collective, comme un jeu de plateau ou un film.
+ Agrémentez le tout de snacks à partager, comme du pop-corn ou des chips.

Lördagsgodis ou bonbons du samedi

Les Suédois enseignent à leurs enfants l'art de la modération dès leur plus jeune âge. Et quoi de mieux pour cela que les bonbons ? Tous les samedis, le rayon « surchargé en sucre » de notre supermarché voit débarquer une armée de bambins excités venant chercher leurs *lördagsgodis* (ou bonbons du samedi), des friandises qu'ils ont attendues toute la semaine. Limiter les sucreries à un jour par semaine est un concept très intelligent : c'est sain (la consommation générale s'en trouve diminuée), cela apprend la modération et, plus important encore, l'anticipation en fait un événement en soi. La moindre sucette, confiserie ou bouchée de chocolat n'en est que plus savoureuse.

La vérité sur les bonbons !

Si les petits Suédois attendent leur dose de sucre toute la semaine, il semblerait que leurs parents n'aient pas la même force de caractère. Une récente étude de marché de la société londonienne Euromonitor a placé Stockholm dans le top 7 des capitales les plus consommatrices de bonbons ! (Chut, ne le dites surtout pas aux enfants...)

ENFANTS ET PLEIN AIR

Reconnaissons-le : peu d'enfants poussent des cris de joie en entendant « Et si on allait faire une petite randonnée ? » Chez nous, l'annonce d'une telle excursion produit le même effet que si on leur disait que le Père Noël ne passera pas cette année. Cependant, une fois qu'ils y sont, c'est une tout autre histoire : je les vois courir dans les bois comme des dératés, ramasser toutes sortes de bâtons et de cailloux (qui atterrissent en quantité astronomique à la maison), bondir par-dessus les ruisseaux et dévaler les collines en roulant sur eux-mêmes. Ils ne l'admettront jamais, mais ils adorent ça, et c'est une excellente façon de passer du temps en famille sans les distractions du quotidien.

Ce n'est pas toujours facile de se libérer une journée entière, mais je me suis rendu compte qu'une sortie n'a pas besoin d'être un gros événement. Même les plus modestes aventures d'extérieur – comme courir dans le jardin ou aller jouer au parc – ont des effets positifs sur les enfants et sur l'ensemble de la famille. De nombreuses études soulignent les bénéfices que retirent nos enfants de ce temps passé à l'air libre. Cela stimule la créativité et la débrouillardise, améliore les aptitudes cognitives et l'alimentation (selon une de ces études, les enfants qui jardinent sont plus enclins à manger des fruits et des légumes[37]), les aide à nouer des relations saines avec les autres et renforce leurs capacités visuelles (il a été prouvé que passer du temps dehors réduit les risques de myopie chez l'enfant)[38]. Qui l'eût cru ? Les meilleures choses dans la vie sont gratuites !

Dix activités d'extérieur créatives **à faire avec vos enfants**

S'il vous prend l'envie de sortir les bottes et de vous adonner aux plaisirs du grand air – et que vous ne savez pas par où commencer – voici quelques idées d'activités que vos enfants vont adorer.

Récitez l'alphabet et demandez-leur de ramasser quelque chose dont le nom commence par chacune des lettres.

Faites-leur ramasser des feuilles ou autres objets de petite taille qui serviront à faire un collage une fois que vous serez rentrés à la maison.

Apprenez-leur le nom des fleurs sauvages et des oiseaux.

Confectionnez des guirlandes de pâquerettes ou des couronnes de pissenlits.

Enseignez-leur les bases de la survie en milieu hostile (par exemple, que faire si l'on est perdu en forêt ou comment allumer un feu avec des bouts de bois) – ça va les passionner.

Salissez-vous les mains en édifiant des pâtés de sable – ou de boue.

Construisez un château de sable.

Mettez-vous en quête de coquillages.

Semez des graines et apprenez-leur les rudiments du jardinage – ils vont adorer vous donner un coup de main et salir les leurs.

Amusez-vous à dessiner des feuilles ou l'écorce des arbres par transparence.

Le collier de sorbes

Les enfants adorent fabriquer des colliers et des bracelets. J'ai observé avec fascination ma voisine Nina occuper un groupe de douze enfants pendant une demi-heure en leur faisant enfiler des sorbes sur un fil avec une aiguille. Une fois le collier terminé, suspendez-le simplement pour qu'il sèche.

Les écoles forestières

Si vous voulez à tout prix que votre enfant s'intéresse aux choses de la nature, vous pouvez envisager de le mettre dans une école forestière. De plus en plus nombreuses au Royaume-Uni, ces écoles de la nature existent en Suède depuis longtemps[XIV]. Ce sont des établissements qui dispensent leur enseignement en extérieur tout au long de l'année. Grimper aux arbres, prendre ses repas et même faire la sieste au grand air, qu'il fasse beau, qu'il pleuve ou qu'il neige vous semble complètement dingue ? Les spécialistes ne sont pas de cet avis.

Une étude longitudinale réalisée par Sarah Blackwell a montré que, sur le long terme, les programmes des écoles forestières « avaient des effets positifs sur le développement physique et sur l'équilibre mental des enfants, et amélioraient leurs compétences cognitives et sociales »[39]. Idéal ! Mon amie et compatriote Sarah-Louise, qui vit également en Suède, a opté pour une maternelle de ce type pour son garçon. « Nous aimions l'idée que notre enfant soit dehors par tous les temps. C'est réputé excellent pour l'immunité, et parfait pour qu'il dépense son trop-plein d'énergie ! Les enfants y font même leur sieste du matin sur un lit de camp, emmitouflés dans des duvets. » Peut-être pas si dingue que ça, en fin de compte !

Les couvrir comme il faut

En Suède, passer du temps dehors avec ses enfants ne se limite pas aux jours cléments, comme dans d'autres pays. À cette différence près que, lorsqu'il s'agit de vêtir son enfant en fonction du climat, les Suédois maîtrisent leur sujet. Je m'en émerveille régulièrement. À chaque saison sa tenue appropriée, qu'il s'agisse d'une combinaison de neige, d'imperméable, de bottes ou d'un chapeau d'été.

J'en ai moi-même fait l'expérience un jour d'octobre à la crèche de ma fille. « Elle n'a pas son "pantalon d'extérieur" », m'a dit la maîtresse en pointant sur moi un doigt accusateur. J'ai expliqué qu'elle avait bel et bien un pantalon pour la pluie et un autre pour la neige. « Non, non, non », a fait la maîtresse, gagnée par l'exaspération. « Il lui faut un surpantalon. » Frustrée, je m'en suis ouverte à une amie qui m'a confirmé qu'elle parlait d'un type de protection qu'on leur met par-dessus une jupe, une robe ou un pantalon avant de les envoyer jouer dehors, pour protéger les vêtements. Pères et mères de tous les pays, réjouissez-vous ! Il existe une façon simple et pratique de préserver les habits de vos chères têtes blondes de l'eau, des traces d'herbe et des accrocs quand ils jouent dehors ! Sans parler des dégâts que ces petits démons causent quand ils font les fous – et ce, quelle que soit la météo !

Le guide lagom pour habiller correctement **vos enfants en fonction du temps**

Plus de 20 °C

+ Casquette et tour de cou
+ Crème solaire écran total
+ Lunettes de soleil
+ T-shirt anti-UV (à la plage)

5-15 °C, tous les jours

+ Solide pantalon imperméable
+ Gants fins
+ Chapeau léger
+ Chaussures aquatiques ou bottes de plongée (à la plage)
+ Haut léger à manches longues (ou couvrant les épaules)

5-15 °C, temps pluvieux

+ Pantalon imperméable
+ Veste imperméable
  à capuche
+ Bottes en caoutchouc

0 °C, neige

+ Couche inférieure
+ Couche médiane
+ Couche extérieure
+ Chaussettes de ski
+ Combinaison de ski
+ Écharpe ou cache-col
+ Bottes après-ski

APPRENDRE AVEC LE LAGOM

Au Royaume-Uni, le nombre de parents qui apprennent à leurs enfants à lire et à écrire avant leur entrée à l'école est surprenant. Chaque fois que je retourne dans mon pays d'origine, j'entends invariablement des propos du type : « À sept ans, Lila a le niveau de lecture d'une ado de treize ans. » Pfff ! Je suis peut-être à côté de la plaque – bien sûr, c'est une remarquable prouesse –, mais en quoi un livre écrit pour une adolescente de treize ans va-t-il intéresser une fillette de sept ans ?

Voici une des choses qui me plaît le plus chez les parents suédois : je n'ai que très rarement été témoin d'une quelconque compétition entre eux, ou entendu quelqu'un se vanter que leur enfant lit et écrit avant d'avoir l'âge d'entrer à l'école. De plus, j'ai demandé une fois à l'une des maîtresses de mes enfants à la maternelle si je pouvais faire quelque chose à la maison pour les aider à développer leurs compétences et elle m'a répondu : « Éduquez, mais laissez-nous enseigner. » Ça m'a rassurée (croyez-moi, j'avais carrément paniqué en revenant d'Angleterre – « Il faut qu'on les mette à l'écriture ! »). Surtout, ça m'a évité de mettre la pression à mes enfants. S'ils veulent lire et écrire, bien sûr, nous les aiderons. Mais commençons par leur apprendre les choses importantes, comme la politesse et le savoir-vivre. Le reste, l'école s'en chargera.

Trois choses importantes à acquérir avant l'école

+ Être un bon ami

+ Partager

+ Être reconnaissant

« N'éduquez pas
vos enfants pour
qu'ils deviennent riches.
Éduquez-les pour qu'ils
soient heureux, de sorte
qu'ils connaîtront
la valeur des choses,
pas leur prix. »

Laissez vos enfants prendre l'initiative

« Même la plus petite des étoiles brille dans le noir. »

Proverbe suédois

Les petits Suédois doivent tous aller à l'école à partir de sept ans. Avant cet âge, l'accent est mis sur le jeu. Cela peut sembler tardif (j'en étais très préoccupée), mais des études montrent que les enfants qui commencent à lire et à écrire plus tard ne réussissent pas moins bien que ceux qui ont acquis ces compétences plus tôt[40]. En outre, certains signes montrent qu'ils sont mieux dans leur peau.

À mes yeux, c'est parfaitement logique. J'ai remarqué, que lorsque mes filles sont naturellement prêtes à faire quelque chose – marcher, aller sur le pot, faire du vélo ou déchiffrer l'alphabet –, elle le maîtrise rapidement. Mais si j'essaye de leur apprendre avant, c'est source de stress et d'agacement. Le processus devient interminable et peut se révéler, au bout du compte, contre-productif. Levons donc le pied et adoptons le rythme de nos enfants. Tout le monde y gagnera !

Relâcher la pression

Cet enseignement soft se poursuit tout au long de l'école primaire, sans aucune pression liée aux résultats. « L'important, c'est que les enfants découvrent le plaisir d'apprendre, de travailler en binôme ou en groupe, plutôt que de les opposer les uns aux autres », explique mon amie britannique Joanna Le Pluart, qui a étudié l'histoire à Cambridge et dont les filles ont grandi dans le système éducatif suédois.

Bien sûr, nous ne choisissons ni l'âge auquel nos enfants entrent à l'école ni la théorie de l'éducation qui y est appliquée, mais nous pouvons réfléchir à la pression que nous mettons par rapport à l'école. Une approche lagom consiste à les guider et à les encourager, mais avant tout à leur montrer notre amour inconditionnel, à ne pas les juger et à accepter qu'ils aient des forces et des faiblesses. C'est ainsi que nous les verrons devenir des personnes harmonieuses et prendre leur envol.

Une phrase à dire à vos enfants

Il est tout naturel de vouloir féliciter son enfant pour ses efforts et les résultats qu'il obtient. Bruce Brown – coach, présentateur et auteur de *The Role of Parents in Athletics*[XV] –, propose de n'utiliser que six mots simples pour encourager les performances de votre enfant et amplifier les souvenirs positifs qu'il y associe, comme : « j'adore te voir jouer. » Il ajoute : « Cela fait partie de notre concept "Pour chaque enfant, une activité saine" – tous les succès et les défis leur appartiennent, et nous sommes là pour les regarder et les encourager, mais pas pour interférer. » Que voilà des paroles sensées !

Rose et bleu

Hen (hEn) : pronom personnel neutre utilisé comme alternative aux pronoms genrés *hon* (elle) et *han* (il)[41].

Je me suis pris les pieds dans le tapis plusieurs fois avec le genre. « Que votre petite fille est jolie », m'est-il arrivé de dire à une mère suédoise dont le bébé était habillé en rose de pied en cap. « C'est un garçon », m'a-t-elle répondu, perplexe. C'est peut-être moi, mais je trouve souvent que seuls les vêtements permettent de déterminer le sexe d'un nourrisson. Cependant, comme je l'ai appris par la suite, c'est justement tout le but de la chose. Débarrassez-vous du marqueur de genre, et les gens vous traitent sans aucun a priori.

Célèbres pour être le peuple plus égalitaire au monde, les Suédois pensent que l'égalité sexuelle commence dès la naissance, et donc que le nouveau-né ne doit pas porter des vêtements ni être équipé de jouets particuliers en fonction de son sexe. Au lieu de ça, les enfants sont encouragés à appréhender le monde selon leurs inclinations naturelles. Donner à chaque enfant la chance de s'épanouir indépendamment de tout cliché de genre est, à mes yeux, une formidable idée. Bien sûr, il y aura toujours des filles pour se diriger vers les poupées et des garçons attirés par les camions – mais il y en aura davantage qui ne le seront pas, et c'est tant mieux. Alors arrêtons de penser en « rose » et « bleu » et de considérer qu'il existe des jouets « pour garçon » ou « pour fille ». Laissons les enfants être simplement des enfants, quelle que soit leur préférence.

Lagom et fêtes

La philosophie lagom n'est jamais plus pertinente que lorsqu'elle s'applique aux fêtes. Noël, Pâques et le solstice d'été se célèbrent en toute décontraction, et permettent avant tout de se retrouver autour d'un événement peu coûteux auquel chacun participe. Les cadeaux sont soigneusement choisis en fonction de l'occasion et emballés dans du papier ordinaire. La décoration doit s'en tenir à un équilibre subtil – trop sera considéré comme vulgaire, pas assez risque de ne pas être assez *festligt* (festif).

NOËL

Tous les ans, nous célébrons deux fois Noël – avec la famille suédoise, puis à Londres. Pas très lagom, j'en conviens, mais comme ni mon mari ni moi ne sommes prêts à faire une croix sur notre fête de famille annuelle, nous sommes convenus que c'était la meilleure solution ! Chacune de deux est merveilleuse à sa façon. En Suède, cela a lieu le 24 décembre et on dresse pour l'occasion une fantastique *julbord* (table de Noël) – un buffet débordant de spécialités locales comme les harengs marinés, les œufs, la tentation de Jansson (pommes de terre et anchois), les boulettes de viande et bien d'autres choses encore.

Bien que nous ayons chacun nos traditions – et peut-être ne suis-je pas encore prête à échanger ma dinde contre des harengs marinés –, j'admire la façon dont ma belle-famille organise Noël. Chaque convive aide et prend en charge une partie du dîner, comme il est naturel de le faire en Suède pour toutes les grandes occasions. Le partage des tâches permet d'abord de soulager l'hôte d'une partie du travail et des frais, mais c'est surtout une façon d'impliquer chaque participant dans la réussite de l'événement. En substance, un invité sera responsable d'un plat ou d'une boisson en particulier, un autre du repas des enfants, de la musique, du quiz ou même de la chasse au trésor. Ainsi, chacun se retrouve avec une somme de travail lagom, personne ne se ruine, et tout le monde est content.

Des décorations discrètes

En Suède, les décorations de Noël respirent la sérénité, la chaleur et une puissante nostalgie. Les diodes clignotantes et le Père Noël factice qui grimpe au balcon sont totalement proscrits. Je ne veux même pas imaginer ce qui se passerait si j'installais dans mon jardin un bonhomme de neige gonflable de trois mètres de haut. Pour rester fidèle au lagom, pensez plutôt à la flamme vacillante d'une bougie, à la douce lumière d'une guirlande électrique, à des objets vintage, à du linge de table qu'on se transmet de génération en génération et à des éléments faits main ou trouvés dans la nature.

Le sapin de Noël rustique

Dans les jours qui précèdent Noël, tout le monde s'agite à la recherche du sapin adéquat -- ni trop grand, ni trop petit, ni trop trapu, ni trop asymétrique, ni trop fourni, ni trop épars. Et si je vous disais que le meilleur des sapins est le plus imparfait de tous ?

De nombreux Suédois abattant eux-mêmes leur sapin, le choix est souvent restreint à ce qui a poussé dans leur jardin ces dernières années. Et s'ils l'achètent dans une pépinière ou dans un magasin local, ils privilégieront toujours l'imperfection. Certains préfèrent même au sapin conique le spartiate et tortueux cèdre du Liban (comme ça se fait beaucoup au Danemark). Parfaitement imparfait, il dégage un charme incroyable et a beaucoup d'avantages. L'espace entre les branches met en valeur chaque décoration et permet d'y installer de véritables bougies.

En choisissant un arbre inégal, votre intérieur se parera d'un immanquable charme rustique. Et, pour une touche encore plus suédoise, cherchez sur Internet « arbre de Noël scandinave » – vous trouverez quantité d'images d'arbres dans des paniers en osier qui vous inspireront. J'ai mis du temps à parvenir à ce résultat. L'astuce est de trouver un arbre en pot plutôt qu'au tronc coupé. Si vous mettez la main sur un spécimen qui possède toujours ses racines, c'est encore mieux – vous pourrez le replanter dans votre jardin pour l'année suivante !

Abattre soi-même son sapin de Noël

Avec une telle densité de forêt au seuil de leur porte, il n'est pas rare que les Suédois coupent eux-mêmes leur sapin dans leur jardin ou dans une pépinière voisine. Depuis que j'habite ici, je préfère me rendre dans ce genre de fermes horticoles armée d'une scie plutôt que d'aller choisir mon arbre sur le parking d'une grande surface quelconque. Notre cérémonie annuelle de l'abattage ne se conçoit pas sans plusieurs couches de vêtements chauds, une Thermos de *glögg* (sorte de vin chaud) et des *pepparkakor* (biscuits au gingembre, dont vous trouverez la recette dans ce livre). Inutile de préciser que c'est l'un de nos jours préférés de l'année !

Les pépinières de sapins durables sont en plein essor partout en Europe et même ailleurs. Pourquoi ne pas en chercher une près de chez vous et faire de l'abattage de votre arbre de Noël une nouvelle tradition ? Rien ne vaut l'odeur de la résine fraîche et le sentiment d'accomplissement qu'on en retire – et, en plus, en choisissant la bonne pépinière, vous savez que c'est une ressource renouvelable.

Dans le salon, mais pas seulement !

On aurait tort de restreindre la présence du sapin de Noël à un coin du salon. Depuis que je vis en Suède, je me suis inspirée de la pratique qui consiste à placer des arbres nains dans d'autres pièces de la maison. Dans la chambre à coucher (oh, qu'il est agréable de se réveiller près d'un sapin !), sur la table basse, sur le rebord de la fenêtre, sur les marches de l'escalier... La seule limite, c'est votre imagination ! Mes enfants adorent avoir le leur dans leur chambre, qu'ils décorent d'objets faits main (avec des résultats aléatoires !). Vous pouvez également en installer deux à l'extérieur, de part et d'autre de votre porte d'entrée, pour accueillir vos invités chaleureusement. Oubliez les décorations sophistiquées – laissez-les au naturel ou ajoutez simplement une guirlande lumineuse pour éclairer les recoins sombres.

De vraies bougies dans le sapin

Jusqu'à l'apparition des guirlandes électriques, seules les bougies permettaient d'illuminer un sapin de Noël. De plus en plus souvent, les gens s'inspirent des temps anciens et reviennent à cette coutume. Nous avons mis des bougies de cire dans notre sapin pour la première fois à Noël dernier, et je dois dire que l'effet est magique. Comme on ne peut les laisser allumées qu'environ une demi-heure, chaque illumination devient l'occasion de réunir la famille pour profiter du spectacle. Elles nécessitent de toute façon une surveillance de tous les instants, aussi ne pourrez-vous pas les quitter des yeux avant de les avoir soufflées. Mais vous verrez que c'est une activité étonnamment apaisante. Et, plus important encore, le doux chatoiement de la flamme nichée entre les épines de pin est une vision de toute beauté. Je vous la recommande chaudement ! N'oubliez pas cependant les règles de sécurité : soyez vigilant, gardez toujours un seau de sable à portée de main, assurez-vous que les bougies sont suffisamment éloignées des branches supérieures et ne laissez jamais le sapin sans surveillance quand elles sont allumées.

Les décorations vintage

En Suède, il n'est pas rare de décorer le sapin avec des banderoles de fanions et de petits trésors faits main en bois, en fer-blanc et en verre qu'on se passe de génération en génération. Pourquoi ne pas aller écumer le marché aux puces à l'approche des fêtes pour donner un nouveau souffle à des objets oubliés ? Plus ils sont dépareillés, mieux c'est !

Travaux manuels

Les Suédois adorent *pysslar* (se livrer à des activités créatives) avant chaque grande célébration. Ils consacrent en général une journée entière à confectionner des décorations et à pâtisser en famille. *Jugpysslar* (créer des décorations de Noël) ne se conçoit pas sans une maison en pain d'épices, une couronne de bougies ou des étoiles en papier à accrocher sur le sapin. Une décoration réussie n'a pas besoin d'être parfaite – au contraire, plus les ornements sont rustiques, mieux ça vaut. L'important, c'est de profiter d'un moment de partage.

Les décorations naturelles

Beaucoup de Suédois aiment aller ramasser des choses de saison dans la nature, comme des pommes de pin, des branches de houx, du buis et des cupules de gland dont ils feront qui un ornement de table, qui une couronne, et qu'ils disposeront dans toute la maison. Traditionnellement, les décorations de Noël commencent au premier jour de l'Avent, mais il n'est pas rare d'en voir de subtiles traces – comme une couronne de saison artisanale sur la porte – bien avant cette date. Une décoration naturelle réussie s'en tient aux choses simples et laisse parler la forme et l'odeur des feuilles fraîchement cueillies.

DEUX DÉCORATIONS DE NOËL **INSPIRÉES PAR LA NATURE**

Pour créer une atmosphère festive, accrochez une couronne faite main à votre porte ou à la fenêtre. Elle n'a pas besoin d'être compliquée – en fait, tout son charme réside dans sa simplicité !

La couronne de bougies à suspendre

Il suffit d'une bougie à la fenêtre pour illuminer la plus sombre des journées. Créer une couronne de bougies est relativement facile et décore avantageusement une fenêtre. Une fois terminée, allumez la bougie et contemplez sa flamme vacillante dans la nuit.

Il vous faut :

+ Des branchettes d'eucalyptus bien fournies en feuilles (buis, épicéa ou tout autre arbre de saison à votre disposition fera aussi bien l'affaire)
+ Du fil de fer plastifié vert
+ Une pince coupante
+ Un cercle en métal (qu'on peut confectionner avec un simple cintre !) d'environ 35 cm de diamètre, ou plus selon la taille de la bougie
+ Un cordon en cuir ou de la ficelle pour la suspension
+ Une pince pour tenir la bougie
+ Et, bien sûr, une petite bougie

Comment procéder ?

1. Prenez trois branchettes et nouez-les ensemble à leur base avec du fil de fer.

2. Attachez l'élément obtenu par sa base au cadre en métal avec du fil de fer.

3. Répétez les deux premières opérations ; les branchettes doivent se chevaucher afin de cacher l'armature en métal. Fixez-les avec davantage de fil de fer.

4. Continuez jusqu'à ce que vous ayez ainsi couvert la moitié du cercle.

5. Mesurez la hauteur à laquelle vous souhaitez suspendre votre couronne puis attachez la longueur de cordon ou de ficelle nécessaire au milieu de la moitié d'armature restée nue. Coupez ce qui dépasse.

6. Clippez la pince de votre bougie au milieu de la moitié inférieure du cercle – celle qui est couverte de feuilles – et mettez la bougie en place. Suspendez la couronne verticalement à votre fenêtre, allumez-la et régalez-vous du spectacle !

Les bougeoirs de glace

Voici une jolie façon de baliser un chemin ou de faire scintiller le seuil de votre porte. Pour les fabriquer, remplissez à moitié un bol ou un pot de fleurs d'eau, et ajoutez-y une poignée de feuilles ou brindilles. Placez un second bol dans le premier, en prenant soin de ne pas l'enfoncer jusqu'en bas. Si la température extérieure est inférieure à zéro, laissez-les dehors, sinon mettez-les au congélateur. Une fois l'eau gelée (la durée dépend de la quantité d'eau utilisée et des conditions, mais pour ne prendre aucun risque, tablez sur une nuit), enlevez soigneusement les bols, positionnez au centre du bougeoir ainsi créé une bougie chauffe-plats, et contemplez-la illuminer la nuit.

Pepparkakor, ou biscuits au gingembre

« Les biscuits au gingembre adoucissent les mœurs. »

Proverbe suédois

Un Noël suédois n'en serait pas vraiment un sans ses *pepparkakor.* L'origine de ces sablés au gingembre, à la cannelle et au clou de girofle remonte au XIVe siècle. On leur attribue traditionnellement des vertus médicinales et, si l'on en croit le folklore scandinave, votre vœu se réalisera si vous parvenez à en briser un en trois morceaux égaux dans votre paume. On les fait parfois soi-même, mais il est plus courant de les acheter, et on les déguste nature ou (comme je les préfère) avec du fromage et une bonne cuillerée de confiture de figue, accompagnés d'un mug de chocolat chaud ou d'un *glögg* (le vin chaud suédois).

On demande parfois aux enfants de leur donner la forme qu'ils préfèrent avec un emporte-pièce, avant de les décorer d'un glaçage blanc. Si vous vous sentez d'humeur créative, vous en trouverez avec un trou au milieu que vous pourrez accrocher dans votre sapin ou suspendre dans votre cuisine – la crème de la crème des décorations. Ou sinon, écrivez le nom d'une personne sur le biscuit pour en faire une délicieuse étiquette cadeau comestible.

La maison en pain d'épices

La maison en pain d'épices n'est rien d'autre que le stade supérieur du *pepparkakor*. Ça peut être une petite bicoque à grignoter avec un chocolat chaud et des marshmallows, ou carrément une propriété entière – la seule limite, c'est votre imagination ! Et si tout se casse la figure, vous pouvez la manger avant que quiconque la voie. Alors qu'avez-vous à perdre ?

PÂQUES

Comme lors de chaque fête importante, les maisons suédoises connaissent une intense activité à l'approche de *Påsk* (Pâques). On sort les décorations appropriées du grenier, on attache des plumes aux arbustes du jardin et on suspend des petits œufs aux branches et dans quelques endroits stratégiques de la maison. Tous les membres de la famille consacrent une journée au *påskpysslar* (l'artisanat de Pâques) pour ajouter une touche maison, avant que les enfants ne se déguisent en *påskkärringar* (les petites sorcières de Pâques) et ne fassent le tour du voisinage en quête de bonbons. Faites de même chez vous et on pensera que vous avez perdu l'esprit ! Mais il existe néanmoins des traditions suédoises qu'on peut appliquer partout.

Les œufs teints

Qui n'aime pas teindre des œufs à Pâques ? En général, il n'y a pas de recette à suivre – faites simplement bouillir vos œufs, trempez-les dans un colorant alimentaire et disposez-les dans une corbeille pour créer une touche de saison instantanée ! Ou, si vous voulez aller un peu plus loin, remplacez le colorant alimentaire par des teintures obtenues à partir de produits naturels – non toxiques ! Essayez avec plusieurs aliments et cherchez sur Internet comment créer les couleurs qui vous plaisent.

Le roulement des œufs

Mes enfants adorent jouer à ce jeu le jour de Pâques chez leurs grands-parents suédois (je dois dire que même les adultes s'amusent – mon mari et moi sommes de sérieux concurrents !). Il existe de nombreuses variantes, mais, en ce qui nous concerne, nous faisons cuire une douzaine d'œufs durs, grimpons au sommet d'une butte et laissons nos œufs dévaler la pente. Celui qui va le plus loin a gagné. (Vous pouvez rejouer tant que votre œuf est en état de continuer… ou que vous ne l'avez pas mangé !)

Äggpickning – l'œuf embrouillé

Äggpickning est un jeu traditionnel de Pâques qui se pratique à deux ou plus. D'abord, les participants cuisent leurs œufs durs et les peignent ou les teignent. Puis le but du jeu est de cogner ou de « picoter » le sommet de l'œuf de l'autre jusqu'à ce que l'une des deux coquilles craque. S'il y a plus que deux joueurs, les gagnants s'affrontent.

Les décorations de table de Pâques

C'est incroyable ce que certains Suédois font pour insuffler l'esprit de Pâques chez eux. J'ai même vu une fois des rideaux décorés de poules et d'œufs ! Mais, en règle générale, on se contente de quelques touches çà et là, amusantes et faciles à réaliser.

LE SOLSTICE D'ÉTÉ

J'avais neuf ans lorsque je suis venue en Suède pour la première fois, et l'un de mes plus anciens souvenirs est d'avoir dansé autour d'un arbre de mai coiffée d'une couronne de fleurs sauvages. Je participais sans le savoir à l'une des plus importantes fêtes du calendrier suédois : le solstice d'été, ou la Saint-Jean. Les Suédois étant dotés d'un grand sens pratique, on le célèbre le vendredi qui tombe entre le 19 et le 25 juin. Traditionnellement, le solstice est lié à la magie ; cueillir des fleurs sauvages est un moyen de s'approprier les pouvoirs magiques de la nature, promesses d'une bonne santé tout au long de l'année.

De nos jours, les villageois se rassemblent pour édifier un arbre de mai et le décorer de fleurs sauvages. Les jeunes filles revêtent la couronne de fleurs, et tout le monde danse autour de l'arbre au son d'airs traditionnels comme *Små Grodorna* (« Les petites grenouilles ») pour célébrer la clémence du temps (qui ne l'est pas toujours, d'ailleurs) et la longueur du jour. Après les festivités, on se livre à une orgie de harengs, de pommes de terre, de fraises et autres spécialités. Sa rusticité et sa simplicité en ont vite fait un de mes événements préférés. Il n'y a ni cadeaux ni frivolités – juste du temps festif passé ensemble, toutes générations confondues, sous un soleil qui n'en finit pas de briller.

Comment fêter le solstice ?

Pas besoin d'un arbre de mai pour fêter le jour le plus long de l'année. Rassemblez vos amis et vos proches, coiffez-vous de fleurs sauvages et profitez d'un dîner en extérieur pour vous gaver de lumière, de chaleur et de soleil.

Cependant, si vous voulez faire ça à la suédoise, voici quelques ingrédients clés :

+ **Invitez** vos amis et votre famille.

+ **Fabriquez** votre propre arbre de mai (vous trouverez quantité de tutoriels sur YouTube !) et décorez-le de feuilles et de fleurs sauvages entrelacées.

+ **Confectionnez** des couronnes de fleurs pour les jeunes filles du groupe.

+ **Mettez** de la musique et dansez autour de l'arbre (sans oublier de sauter comme une grenouille !).

+ **Dressez** un buffet en plein air et garnissez-le de harengs, de pommes de terre et de fraises, le tout arrosé de bière et de schnaps. (Pensez à sortir un auvent et des couvertures en cas de mauvais temps, comme c'est de coutume à la Saint-Jean !)

+ **Distribuez** à la ronde les paroles de quelques chansonnettes amusantes et encouragez vos convives à faire entendre leur voix durant le repas.

CRÉER UNE COURONNE DE FLEURS

Il vous faut :

+ Du fil de fer plastifié
+ Une pince coupante
+ Un mètre de couturière
+ Du feuillage
+ Un assortiment de fleurs sauvages dont la tige mesure environ 8 cm

Comment procéder ?

1. Prenez une longueur de fil de fer et formez un cercle. N'attachez pas les bouts.

2. Mesurez votre tour de tête et, si nécessaire, raccourcissez le cercle à l'aide de la pince coupante.

3. Attachez ensemble les deux bouts de votre cercle en vous assurant que rien de pointu ne ressorte.

4. Enroulez votre feuillage autour du cercle et fixez-le avec du fil de fer.

5. Fixez ensuite la première fleur de la même manière.

6. Entrelacez la tige avec une nouvelle fleur, et ainsi de suite jusqu'au bout du cercle.

Mon amant de la Saint-Jean

Selon la tradition suédoise, si une jeune femme réunit sept types de fleurs différents et les met sous son oreiller la nuit du solstice d'été, elle rêvera de l'homme qu'elle épousera.

COMMENT DEVENIR UN INVITÉ LAGOM ?

Vous êtes convié à une fête ? Pourquoi ne pas entrer en résonance avec les Suédois et vous couvrir de fierté en devenant le parfait invité ? Des petites choses comme proposer de contribuer à l'événement, arriver à l'heure et apporter un cadeau approprié feront plaisir à votre hôte et augureront d'un merveilleux moment.

Le cadeau lagom

Quand nous sommes invités quelque part, mon mari tempère toujours mes ardeurs et manque de paniquer quand il voit le nombre de présents que j'ai prévus. Après avoir assisté à de nombreux échanges de cadeaux en Suède, je comprends maintenant qu'il est extrêmement important de ne pas en faire trop, car cela embarrasserait inévitablement votre hôte et les autres invités. Apporter un cadeau trop modeste (ou rien du tout) ne convient pas non plus. Autrement dit, il faut trouver ce qui conviendra parfaitement pour l'occasion. Très souvent, les invités viennent avec un objet qu'ils ont fabriqué eux-mêmes, ce qui a d'autant plus de valeur à mes yeux. Cela signifie que cette personne a consacré du temps et des efforts pour créer quelque chose d'unique juste pour vous.

Trois présents à faire soi-même que vos amis vont adorer

+ **Un bouquet d'herbes aromatiques** : cueillez dans votre jardin une sélection d'herbes de saison, attachez-les ensemble avec de la ficelle et mettez-les dans un pot de confiture avec de l'eau. Écrivez leur nom sur un papier et précisez qu'une fois que les racines sortiront, votre hôte pourra les replanter dans son jardin. Qui n'aime pas le parfum du thym, du romarin et de la menthe en été ?

+ **Un gâteau dans un bocal** : régalez vos amis avec ce cadeau délicieux ! Disposez en différentes couches les ingrédients d'une fournée de brownies ou de tout autre savoureux gâteau dans un bocal et notez la recette sur une étiquette. De quoi donner à votre hôte une idée d'activité pour un prochain jour pluvieux.

+ **Semez une graine** dans un simple pot en terre cuite et fournissez les instructions adéquates. Votre ami pourra la voir pousser et s'en servir un jour en cuisine, si c'est comestible.

Emballage au naturel

Invitez des amis à une fête en Angleterre, et vous les verrez débarquer avec des présents magnifiquement emballés. Un emballage cadeau suédois, lui, délaisse les rubans ostentatoires et le papier onéreux pour les remplacer par du simple papier kraft ou blanc (voire du papier journal), de la grossière ficelle marron ou le traditionnel cordon noir et blanc. Mais c'est loin d'être terne, car les Suédois y attachent une délicate fleur du jardin pour ajouter une note de couleur et un parfum divin à l'occasion d'un anniversaire. À Noël, on préférera des bâtons de cannelle et des pommes de pin miniatures à un nœud hors de prix.

Créez un emballage qui vous ressemble

Passez au niveau supérieur et décorez votre papier avec des stickers blancs ou or. Ou amusez-vous avec un bon vieux tampon patate pour mieux le personnaliser.

Cartes et étiquettes lagom

Vous ne verrez jamais un Suédois passer des heures dans une carterie. Ils ne pratiquent pas l'art de la carte comme on le fait au Royaume-Uni. Les leurs sont imprimées d'un seul côté, à la manière des cartes postales, ou se résument parfois à une simple étiquette de colis. De par mes origines, c'est une habitude que j'ai du mal à prendre. Cela dit, mes enfants étant invités à des fêtes d'anniversaire quasiment toutes les semaines et nos amis ayant la fâcheuse habitude de prendre un an chaque année, j'ai économisé beaucoup d'argent et un temps incroyable en ne fréquentant plus les carteries.

Si vous manquez de temps pour vous procurer une carte pour l'anniversaire d'un de vos amis, vous pouvez toujours suivre la mode suédoise en attachant une étiquette de poste (blanche ou crème) à votre cadeau. Personnalisez-la avec un dessin, des stickers ou un tampon, et prenez le temps d'écrire un message attentionné.

Vous restez dormir ?

En Suède, il est de coutume d'apporter ses propres draps quand on s'apprête à passer la nuit chez des amis, en particulier si on est invité dans leur maison de campagne où il n'y a pas forcément assez de linge pour tout le monde (ou de machine à laver). Voilà quelque chose que vous pouvez faire, vous aussi. Ça ne vous demandera aucun effort particulier, mais ça soulagera votre hôte, qui n'a pas forcément prévu de passer le jour de votre arrivée à faire les lits, ou celui de votre départ à la laverie. Moins de travail pour tout le monde !

3

Le lagom dans le vaste monde

Lagom et esprit de communauté

Dans la tradition viking, le lagom implique un don de soi délibéré. Si, à l'époque, il ne s'agissait que de prendre de petites gorgées d'hydromel pour qu'il y en ait assez pour tout le monde, aujourd'hui, être lagom consiste plutôt à œuvrer pour une société plus juste, qui ne laisse personne sur le bord de la route. Que vous soyez bénévole, que vous fassiez des dons d'argent ou, plus généralement, que vous vous efforciez de traiter les gens qui vous entourent avec bienveillance, vous encouragez l'émergence d'une communauté plus saine et plus heureuse.

PENSER AUX AUTRES

Il est facile de tourner en rond dans son petit bocal, surtout quand le quotidien – entre mails, activités extrascolaires, cours de gym ou soirées mondaines – ne nous laisse pas une minute de répit. Nous sommes souvent si englués dans nos problèmes qu'on en vient à oublier que les autres doivent aussi faire face à des difficultés. « On doit d'abord apprendre à rendre les autres heureux si on veut l'être soi-même », dit un proverbe suédois riche d'enseignements. Une étude de la Harvard Business School a d'ailleurs montré qu'on s'épanouissait plus en aidant les autres[42] (peut-être parce que tout ce qui nous préoccupe ne nous semble plus si important !).

Aider ceux qui sont dans le besoin

Je trouve en général les Suédois un peu timides, notamment en public. Il est rare qu'un étranger vous adresse un sourire (surtout dans les grandes villes), ou qu'on échange plus que quelques mots dans la rue. Mais derrière ce vernis de froideur se cache un cœur en or.

Par exemple, la Suède a la réputation d'être le pays d'Europe le plus accueillant pour les réfugiés. Selon Migrationsverket, l'agence de l'immigration, quelque 163 000 personnes ont obtenu l'asile politique en 2015[XVI]. Une étude évaluant le regard porté sur « les réfugiés, la diversité et le sentiment nationaliste », réalisée par le Pew Research Center à Washington, classe la Suède en tête des nations européennes les plus positives. 62 % des Suédois sont convaincus que la capacité de travail et les talents des immigrés profitent au pays[43].

Cette ouverture d'esprit se double de compassion et de générosité. En témoignent les hordes de Suédois qui se sont précipités pour apporter leur aide aux nouveaux arrivants. J'ai vu de mes yeux tous les volontaires qui attendaient les réfugiés à la gare de Malmö pour les accueillir chaleureusement. Beaucoup d'entre eux donnaient des habits, de la nourriture et du temps aux associations caritatives pour aider les migrants à s'installer dans le pays.

À l'heure où tant de gens ont besoin d'un toit et d'assistance partout dans le monde, nous pouvons tous en tirer une leçon et agir dans notre propre communauté. Cherchez autour de vous des organisations bénévoles et voyez si quelques heures de votre temps ne pourraient pas aider quelqu'un dans le besoin.

« Un rendez-vous mensuel avec une famille réfugiée en Suède depuis peu nous a donné, à ma famille et à moi, une meilleure compréhension des autres et nous a ouvert l'esprit. Nous nous sommes rendu compte que nous étions identiques. Nous voulons tous le meilleur pour nos enfants. Et, parfois, certaines personnes doivent sacrifier beaucoup pour pouvoir le leur offrir. »

Malin Nihlberg, bénévole pour Kompis Sverige, une association à but non lucratif promouvant l'intégration

Devenir bénévole

Nous sommes tous conscients du fait que le travail bénévole est une merveilleuse façon de rendre à notre communauté ce qu'on lui doit. Mais cela reste souvent à l'état de projet – une ligne de plus sur la liste des choses que nous aimerions faire. Un préjugé commun consiste à croire qu'il faut beaucoup de temps libre pour participer à ce genre d'activités. En réalité, il existe une très grande variété d'activités bénévoles. Vous n'avez pas besoin d'y consacrer beaucoup de temps, et vous en retirerez une immense fierté. Il est temps de semer cette graine et de participer à une cause qui vous tient à cœur !

Cinq façons d'aider **votre communauté**

Rendez-vous dans un foyer d'accueil et demandez ce que vous pouvez faire pour aider. Offrir une heure de votre temps par semaine pour aller parler avec des personnes âgées peut vraiment soulager leur cœur, et vous-même apprendrez sans doute beaucoup de choses.

Donnez un coup de main à l'association sportive locale – qu'il s'agisse d'aider sur le terrain ou de vendre des hot-dogs à la mi-temps pour récolter des fonds.

Inscrivez-vous à des groupes de soutien à la bibliothèque la plus proche. Vous vous retrouverez peut-être à enseigner votre langue à de nouveaux arrivants.

Trouvez une association caritative qui vous intéresse et proposez votre aide.

Contactez les autorités locales et demandez-leur quelles sont les possibilités de bénévolat dans votre région. Vous repérerez sans doute quelque chose qui vous intéresse.

DES ACTES DE BONTÉ DÉSINTÉRESSÉS

Comme tout dans la philosophie lagom, répandre le bonheur autour de soi n'implique pas forcément des actions spectaculaires. Parfois, les actes les plus ordinaires sont ceux qui ont le plus de sens et inspirent les plus grands sourires.

Quand ma deuxième fille est née, une amie suédoise est venue nous apporter un repas, en insistant sur le fait qu'elle ne voulait pas rester, pour ne pas déranger. Une autre amie, à l'agenda particulièrement chargé, est passée me faire une tasse de thé quand je m'étais blessée à la jambe – tous les jours de la semaine ! Ces petites attentions m'ont redonné le moral quand j'en avais le plus besoin.

Je suis sûre que vous êtes déjà ce genre de personne, alors voyez ces conseils comme un simple rappel bienveillant qu'il faut toujours se soucier des autres. Souvent, surprendre les gens par un acte de bonté quand ils s'y attendent le moins peut être le plus touchant des gestes.

Freecyclez[XVII] !

L'année dernière, ma fille a déposé son tricycle devant la maison avec une note disant : « Il est devenu trop petit pour moi. S'il vous plaît, prenez-le si vous en avez besoin. » Plus tard dans la journée, le tricycle avait disparu, remplacé par un régime de bananes et un mot (en suédois) : « Merci beaucoup, Alice. Tu as rendu une petite fille très heureuse – nous espérons que les bananes te plairont ! » Le souvenir de ce simple échange me fait encore sourire aujourd'hui.

Cinq actes de bonté **désintéressés**

Pourquoi ne pas éclairer la journée de quelqu'un ?
Voici quelques idées simples...

Laissez un mot gentil dans un livre de la bibliothèque pour le prochain lecteur.

Faites dix compliments sincères dans la journée.

Adressez un mot de remerciement aux services publics, comme la police, les pompiers ou les infirmières.

Écrivez une lettre à un ami ou à un proche que vous n'avez pas vu depuis des années.

Ayez toujours un second parapluie sur vous et donnez-le à un ami quand il pleut.

« Faites de petites choses avec beaucoup d'amour. Ce n'est pas la quantité de ce que nous faisons qui importe, mais l'amour que nous y mettons. »

Mère Teresa

Lagom et respect de la nature

La surface de la Terre est perturbée à un rythme rapide. L'urbanisation, les excavations, la déforestation et l'enfouissement des déchets ne sont que quelques-unes des menaces que nous faisons peser sur notre santé et sur la vie sauvage. Il est triste de penser que nos activités ont un effet nocif sur la planète et sur les espèces vivantes, jusqu'à l'extinction de certaines d'entre elles.

ATTIRER LES OISEAUX ET LES ABEILLES

Nous partageons la planète avec toutes sortes de créatures, grandes et petites. Pour le dire simplement, nous avons besoin d'eux et, avec tant d'espèces menacées, il est vital que nous leur tendions la main. Cela vous sera plus simple si vous avez accès à des hectares de forêt intacte au seuil de votre porte, mais il y a aussi des façons d'aider la vie sauvage dans votre quartier, même dans le plus petit espace vert. En aidant à préserver l'écosystème, vous contribuez à créer un havre pour les hérissons, les oiseaux et les fleurs sauvages.

« La vie sauvage et son habitat n'ont pas de voix, c'est à nous de parler pour eux. »

Theodore Roosevelt

La nature dans tous ses états

Dans le jardin de notre maison d'été familiale, ma belle-mère laisse des parcelles de terrain pousser sans aucune intervention. Habituée aux pelouses parfaitement entretenues, j'étais quelque peu déconcertée par les mauvaises herbes qui y poussaient. J'ai donc plusieurs fois proposé d'y passer la tondeuse, ce qu'on m'a poliment refusé. Puis j'ai appris qu'il y avait une bonne raison à cela. Les parcelles en friche permettent à la vie sauvage de se développer sans contrainte. Les hautes herbes, par exemple, forment une jungle miniature qui favorise l'émergence des fleurs, des pollens et des graines, qui à leur tour attirent des insectes, des papillons de nuit, des sauterelles et de plus gros animaux comme des hérissons ou des oiseaux. De même, une pile de rondins oubliés constitue un abri idéal pour quantité de petites bêtes, que les chauves-souris, les oiseaux et les blaireaux suivent toujours de près.

Vos voisins croiront que vous avez perdu la tête si vous laissez tout votre jardin dans cet état, mais pourquoi ne pas en consacrer de petites portions à la vie sauvage, tel que la nature l'a prévu ? Les fleurs des champs ne sont-elles pas magnifiques en été ? Et qui n'aime pas voir passer un hérisson ?

Pensez indigène et varié

Vous attirerez davantage de vie sauvage si vous avez plusieurs espèces d'arbres, de buissons et de plantes dans votre jardin. Restez fidèle aux plantes indigènes pour vous assurer qu'aucune ne domine les autres et que tout pousse correctement.

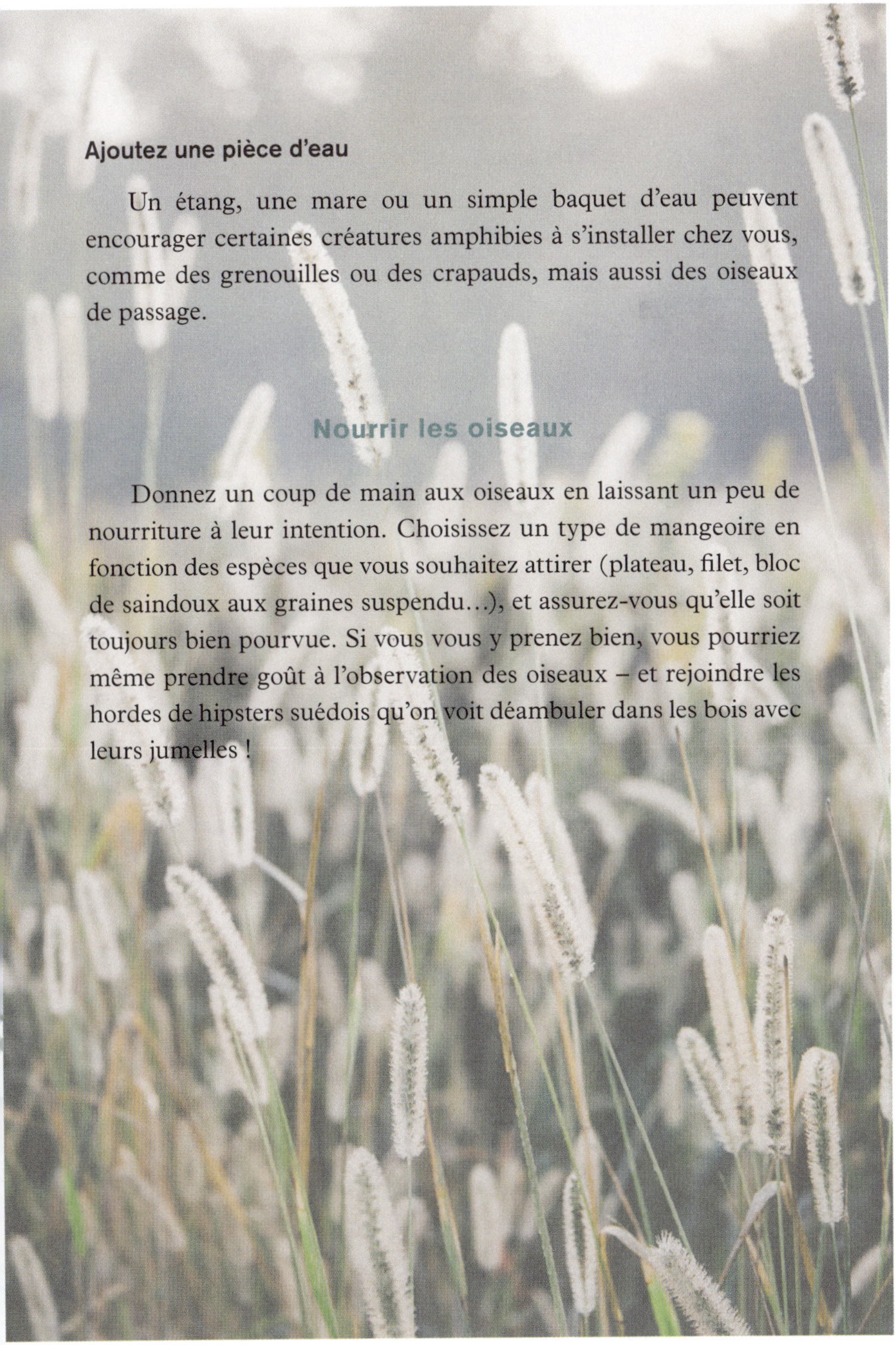

Ajoutez une pièce d'eau

Un étang, une mare ou un simple baquet d'eau peuvent encourager certaines créatures amphibies à s'installer chez vous, comme des grenouilles ou des crapauds, mais aussi des oiseaux de passage.

Nourrir les oiseaux

Donnez un coup de main aux oiseaux en laissant un peu de nourriture à leur intention. Choisissez un type de mangeoire en fonction des espèces que vous souhaitez attirer (plateau, filet, bloc de saindoux aux graines suspendu…), et assurez-vous qu'elle soit toujours bien pourvue. Si vous vous y prenez bien, vous pourriez même prendre goût à l'observation des oiseaux – et rejoindre les hordes de hipsters suédois qu'on voit déambuler dans les bois avec leurs jumelles !

COMMENT FAIRE

UNE MANGEOIRE À OISEAUX POUR L'HIVER ?

Les blocs de saindoux aux graines connaissent une certaine popularité en hiver, quand la nourriture naturelle des oiseaux se fait rare. Créez les vôtres à partir de quelques ingrédients de base et suspendez-les aux branches quand la température descend en dessous de zéro. Une étonnante diversité d'oiseaux affluera dans votre jardin avant que vous ne vous en rendiez compte !

Il vous faut :

+ 200 g de saindoux
+ 400 g de graines pour oiseaux
+ Une aiguille à tricoter ou tout autre objet pointu
+ Un bout de ficelle grossière

Comment procéder ?

1. Faites légèrement ramollir le saindoux en le laissant dans un endroit chaud pendant environ une heure (ne le laissez cependant pas fondre).

2. Découpez ensuite le saindoux en morceaux de la taille d'une noix et mettez-les dans un bol ou sur un plan de travail propre. Mêlez-y petit à petit des poignées de graines pour oiseaux jusqu'à un résultat compact et homogène. Quoique salissante, cette étape est plus simple à la main.

3. Façonnez des boules de la taille de grosses balles de golf (vous devriez pouvoir en faire six, à peu près).

4. Laissez-les se solidifier au frigo pendant une nuit.

5. Sortez-les du frigo et percez-les d'un trou à l'aide d'une aiguille à tricoter. Elle doit ressortir de l'autre côté.

6. Faites passer la ficelle dans le trou et nouez-en une des extrémités pour retenir la boule. Suspendez ensuite l'autre bout à une branche ou à un crochet et observez les oiseaux se régaler !

Les oiseaux peuvent devenir dépendants de cette alimentation, donc assurez-vous qu'il y en ait toujours en quantité suffisante !

L'hôtel à insectes

Avec l'expansion urbaine, de nombreux insectes perdent leur habitat. La ville de Mölndal a pris des mesures radicales pour combattre ce fléau : un grand hôtel conçu pour attirer et héberger papillons, oiseaux, abeilles et autres petites bêtes.

Pour autant que vous aimiez les animaux, si vous vivez dans une maison avec un petit jardin, vous préférerez garder l'essentiel de votre espace pour profiter d'un verre de prosecco au soleil ! Mais pourquoi ne pas envisager également d'installer votre propre hôtel à insectes ? Il en existe de tailles et de formes diverses, ce qui vous permettra d'inviter chez vous quantité d'insectes. Et le soir, en rentrant chez vous, rien n'est plus distrayant que d'inventorier vos nouveaux locataires – parfois les plus inattendus !

Sauvez les abeilles !

La population d'abeilles connaît un rapide déclin depuis les années 1990. En cause, l'agriculture intensive, les parasites et le réchauffement climatique. Nous devrions tous nous sentir concernés par le sort de nos amies noir et jaune. Selon l'Association suédoise pour la sauvegarde des abeilles, la pollinisation assurée par ces insectes permet la croissance de 76 % de ce qui pousse en Europe. Imaginez un monde sans pommes, prunes, cerises, pêches ou nectarines !

Avec la généralisation des pesticides dans les campagnes, les zones urbaines sont devenues un refuge pour les abeilles. À Stockholm on place de grands espoirs dans la création de zones « abeilles *friendly* » – riches en nourriture et en eau du printemps à l'automne – pour enrayer le déclin. Dans d'autres villes, comme Malmö, de plus en plus de toits sont équipés de ruches.

Quelques idées simples pour contribuer à la sauvegarde des abeilles

Dans le monde entier, des apiculteurs luttent contre la raréfaction des abeilles, et ils ont besoin de notre aide. Voici quatre choses que vous pouvez faire.

+ Achetez votre miel à des producteurs locaux.
+ Ne consommez que du miel portant les mentions « Non chauffé » et « Non transformé ».
+ Privilégiez les labels bio.
+ Vous pouvez également créer un jardin favorable à l'activité des abeilles en plantant certaines des espèces listées ci-après.

Fleurs et plantes **aimées des abeilles**

+ Fruits et légumes

mûres, concombres, potirons, fraises, ail des ours

+ Plantes annuelles

bourrache, cléome, trèfle, souci, coquelicot, tournesol

+ Plantes vivaces

bouton d'or, crocus, dahlia, digitale, géranium, rose, perce-neige

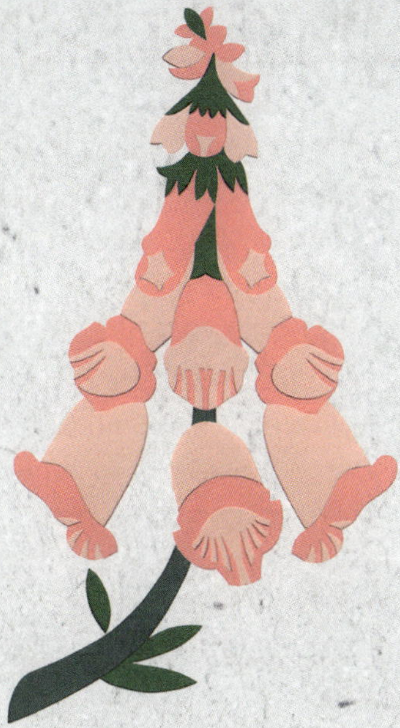

+ Simples

herbe à chat, coriandre, fenouil, lavande, menthe, sauge, thym

« Essayez d'isoler une seule chose de la nature et vous vous rendrez compte qu'elle est indissociable du reste du monde. »

John Muir[XVIII]

Protégez les arbres

Il n'est pas rare que des Suédois possèdent une parcelle de forêt – après tout, ces dernières couvrent plus de la moitié du territoire (même si, selon la loi du *allemansträtten*, tout le monde a le droit de s'y promener et d'en récolter les fruits). C'est une grande responsabilité, que les Suédois prennent très au sérieux.

« Nous recevons des conseils en matière de protection et de gestion de la forêt, qui visent à pérenniser l'écosystème », témoigne Yvonne Larsson, une amie de la famille dont la propriété s'étend sur vingt hectares de forêt. « Nous sommes conscients que les soins que nous prodiguons à nos terres jouent un rôle dans le changement climatique. » Les questions environnementales sont au cœur de l'éternelle lutte opposant lobbys industriels et partisans de l'écologie ; du côté de ces derniers, la Société suédoise pour la conservation de la nature fait beaucoup pour la protection de la forêt.

Si vous avez la chance d'avoir des arbres sur votre terrain, réfléchissez-y à deux fois avant de les abattre. Voyez-vous, les arbres sont nos amis. Ils nous fournissent de l'oxygène, purifient l'atmosphère, abritent la vie sauvage et contribuent à prévenir l'érosion des sols. Et dans les pays chauds leur ombre rafraîchit les maisons. Pas mal, l'air conditionné naturel !

Veillez à la bonne tenue de votre communauté

Comme nous l'avons dit plus haut, les Suédois sont des gens incroyablement ordonnés. Sur ce point, leur ferveur s'étend aux espaces publics. En d'autres termes, la Suède est un pays immaculé. Le nettoyage a beau être assuré par les services publics, cela ne tempère en rien l'ardeur des citoyens. Les Suédois s'enorgueillissent de contribuer à garder les espaces communs propres ; qu'il s'agisse d'une salle de réunion ou d'une aire de pique-nique, ils la laisseront exactement dans l'état dans lequel ils l'ont trouvée. « En Suède, nous sommes très fiers de notre nature et nous sentons intimement liés à elle », m'a expliqué mon amie Ulrika Sjöström. « Laisser un endroit dans l'état où nous souhaiterions le trouver est une marque de respect pour les autres, car cela leur permettra d'en profiter autant que vous. »

Nous savons que les déchets peuvent causer beaucoup de mal à la vie sauvage et aux écosystèmes. L'écologiste Ann Nerlund m'a confié quelque chose de plutôt alarmant : « D'ici à 2050, tous les oiseaux marins et beaucoup de poissons seront contaminés par la pollution à cause du plastique des déchets qui finissent dans l'océan. » Ce n'est qu'une partie du problème, bien sûr, mais en faisant le ménage derrière nous pour qu'aucun animal ne souffre de notre visite, nous agissons un peu.

Si vous voulez faire un pas de plus en ce sens, renseignez-vous sur les prochains événements collectifs près de chez vous – tels que les nettoyages de parcs – et allez-y entre amis ou en famille.

Réduisez vos déchets d'emballage

La Suède, pays écoresponsable, faisait déjà payer les sacs en plastique du supermarché quand je suis arrivée, en 2004. Depuis, beaucoup d'autres pays s'y sont mis, dont le Royaume-Uni en 2015[XIX], et il est devenu monnaie courante partout dans le monde de faire ses courses avec un sac réutilisable. Ceci est un bon début, mais les emballages constituent toujours un énorme problème. En 2015, les conditionnements alimentaires comptaient pour 45 % des déchets enfouis aux États-Unis[44].

Entre les produits du supermarché doublement ou triplement emballés et les cafés à emporter servis dans des gobelets jetables, il est facile d'accumuler un nombre incroyable de déchets.

Quelques façons simples de réduire ses déchets d'emballage

+ Privilégiez les articles consignés ou rechargeables.

+ Achetez en gros plutôt que des articles conditionnés au détail.

+ Utilisez votre propre bouteille d'eau et non celles du commerce en plastique.

+ Emportez votre mug pour éviter de boire votre café à emporter dans un gobelet jetable.

+ Préparez votre infusion préférée avec une boule à thé, plus écologique que les sachets.

Recyclage

Recycler n'a rien de nouveau, mais il n'est jamais inutile de rappeler à quel point c'est important. Trier et recycler nos ordures permet de réutiliser autant de matériaux que possible, ce qui réduit les besoins en ressources naturelles et limite la quantité de déchets qui se retrouvent enfouis dans le sol ou déversés dans les océans. En Suède, le système de recyclage est particulièrement efficace : la proportion de déchets ménagers réutilisés atteint un taux incroyable de 99 %.

Le saviez-vous ?

En 2010, les Suédois recyclaient 88 % des cannettes en aluminium et des bouteilles en PET (polyéthylène téréphtalate).

Réutilisez vos déchets

Mettez vos talents créatifs au service de l'écologie en donnant une nouvelle vie à vos déchets – ou en demandant à l'école la plus proche s'ils ont besoin de matériaux pour leurs activités manuelles. J'ai remarqué que, dans l'école de mes enfants, il n'y a aucune limite à ce qu'ils arrivent à fabriquer avec un simple tube en carton, une boîte de lait ou une feuille d'aluminium (c'est d'ailleurs parfois un vrai challenge d'arriver à faire tenir tout ça sur le vélo à la fin de l'année !).

L'astuce économique

Mes enfants jardinent souvent à l'école. Le tiers inférieur d'une boîte de lait se révèle un excellent pot où faire pousser des poivrons, des tomates ou d'autres plantes. Une façon simple et économique de recycler !

Lagom et économies d'énergie

Il suffit de regarder les informations pour se rendre compte de l'impact de l'activité humaine sur le climat. On pourrait croire que recycler, rationaliser nos achats et réduire nos déchets sont des gestes totalement vains en regard des rejets toxiques vomis par les centrales électriques. Mais si, à l'image de nos voisins suédois très engagés, nous nous disions que nos actes peuvent compter ? Et si chacun d'entre nous accomplissait un petit pas vers un mode de vie plus lagom, en ne prenant que ce dont il a besoin et en réduisant ainsi petit à petit la quantité de produits toxiques rejetés dans la nature ? Imaginez ce que nous pourrions accomplir, tous ensemble !

PAS À PAS

« Un voyage de mille kilomètres commence toujours par un premier pas. »

Proverbe suédois

Je me considère désormais comme une habitante à part entière de Western Harbour – un petit quartier de Malmö. Construit en 2002 à l'occasion du Bo01, la première exposition européenne de l'habitat, Western Harbour est devenu le premier quartier d'Europe à l'empreinte carbone neutre. Pour autant, je sais que je ne dois pas me reposer sur mes lauriers.

Le nombre de choses qu'on peut faire chez soi pour vivre de façon plus écoresponsable est incroyable. Bien que certains chantent les louanges d'une vie complètement affranchie des réseaux d'énergie, il est impossible pour la majorité d'entre nous de s'en passer. Mais vous serez agréablement surpris d'apprendre que, comme toujours avec le lagom, il n'est pas nécessaire de procéder à des changements radicaux – même les plus petits gestes peuvent faire une grosse différence.

Remontez à la source

En Suède, les éoliennes, les centrales hydroélectriques et les panneaux solaires fournissent 52 % de l'électricité utilisée[45], ce qui classe le pays au premier rang des énergies renouvelables et en fera certainement la première nation à se débarrasser totalement des énergies fossiles. Les Suédois ont mis les autres pays au défi de faire mieux.

De nos jours, nous avons la chance de pouvoir choisir entre différents fournisseurs d'énergie. Vous aiderez votre pays à se joindre au mouvement en vérifiant d'où provient l'électricité que vous utilisez et, si nécessaire, en optant pour un prestataire plus respectueux de l'environnement.

SE CHAUFFER COMME LES SUÉDOIS

« Quand la mer est calme, tous les bateaux ont un bon capitaine. »

Proverbe suédois

Quand ma mère nous rend visite en hiver, elle ne manque jamais d'apporter son pyjama thermique – pour se plaindre au matin d'avoir eu trop chaud ! Les Suédois déploient des efforts considérables pour s'assurer que la température intérieure soit toujours la « bonne », quelles que soient les conditions extérieures. Se balader chez soi sans pull jacquard serait impossible sans leur approche pragmatique de l'isolation. Dans un pays où la température peut descendre jusqu'à –30° C (dans le Nord), il est essentiel de s'assurer que la chaleur reste à l'intérieur. De l'isolation dépend largement notre consommation d'énergie – et évidemment notre confort, quand il neige.

Votre consommation domestique

Le chauffage compte pour 42 % dans la consommation d'énergie d'un foyer britannique. L'augmentation des prix et l'impact sur l'environnement devraient nous inciter à suivre l'exemple des Suédois. Retenons-nous la chaleur (ou la fraîcheur, dans les pays chauds) de la façon la plus efficace possible ? Parfois, cela implique un certain investissement, mais on est toujours gagnant au bout du compte.

Il suffit parfois de quelques petits changements pour améliorer votre performance énergétique – et c'est bon pour le porte-monnaie !

Rajoutez-en une couche

Si vous n'êtes pas encore prêt à investir dans une isolation performante, ou si vous avez la chance de vivre sous un climat qui ne nécessite pas de mesures extrêmes, ajouter des rideaux, des stores, des tapis ou de la moquette suffira à tenir le froid à distance et à vous prémunir des courants d'air. Sans compter que cela apporte une touche douillette à votre intérieur. Après tout, la philosophie du lagom ne prône pas la perfection, mais la juste quantité d'efforts pour vous sentir à l'aise !

Emmitouflez-vous !

Selon un rapport commandé par le département de l'Énergie et du Changement climatique du gouvernement britannique, baisser le thermostat de deux degrés (de 20° C à 18° C) est la meilleure option pour faire baisser sa consommation d'énergie[46]. Ce rapport recommande également de différer d'un mois l'allumage du chauffage (en novembre plutôt qu'en octobre) et de l'éteindre dans les pièces que vous n'utilisez pas. Sortez vos pulls en laine !

Trois façons de conserver la chaleur à l'intérieur

+ Assurez-vous que vos combles, vos murs, votre plafond et votre plancher sont correctement isolés.

+ Calfeutrez les portes et les fenêtres.

+ Si vous avez une cheminée, vérifiez que la soupape fonctionne bien.

Merci et au revoir !

Quand des invités partent de chez nous l'hiver, mon mari referme la porte derrière eux sitôt que leurs talons ont franchi le seuil. Je ne plaisante pas. En tant que Britannique habituée aux longs au revoir, je trouve cela atrocement embarrassant, mais pour mon époux, c'est une habitude. Il explique que, ayant travaillé d'arrache-pied pour réguler la température intérieure, il ne va certainement pas laisser sortir toute cette chaleur durement gagnée à cause d'adieux qui n'en finissent pas ! Je n'en ai pas moins conservé ma coutume des interminables au revoir, mais… à l'intérieur. Ça vous inspire ?

ADOPTER DE NOUVELLES HABITUDES, MOINS ÉNERGIVORES

Il est facile d'oublier que l'essentiel de ce que nous faisons au quotidien consomme de l'énergie. Autant d'actes qui jouent un petit rôle (mais un rôle tout de même) dans l'épuisement des ressources naturelles. J'ai interrogé beaucoup de Suédois sur leur comportement énergétique et me suis rendu compte qu'ils appliquaient le plus souvent des méthodes que leurs parents et leurs grands-parents pratiquaient pour des raisons économiques. Attention, je ne suis pas en train de dire que vous devriez vivre dans le noir (quoiqu'un Suédois ne manquera pas de vous rappeler qu'avec quelques bougies, ça peut être sympa…), mais nous pouvons tous adopter des habitudes écoresponsables. Non seulement elles sont bonnes pour la planète, mais elles vous aideront à économiser votre argent pour les jours de vaches maigres (ou pour votre prochaine aventure).

Le changement, c'est maintenant !

L'éclairage est une nécessité et – si vous suivez les conseils dispensés dans ce livre ! – il peut même donner à votre intérieur une touche chaleureuse. On ne s'étonnera guère qu'il y ait en moyenne quarante-deux lumières artificielles dans chaque foyer suédois. Mais les ampoules traditionnelles sont coûteuses. Selon un rapport de Energimyndigheten (l'agence suédoise de l'Énergie), elles représentent un cinquième de la consommation électrique globale, dont la plus grande partie provient de ressources non renouvelables[47]. En les remplaçant par des ampoules LED, CFL ou halogène, on utilise 25 à 80 % d'énergie en moins, et ces ampoules durent vingt-cinq fois plus longtemps.

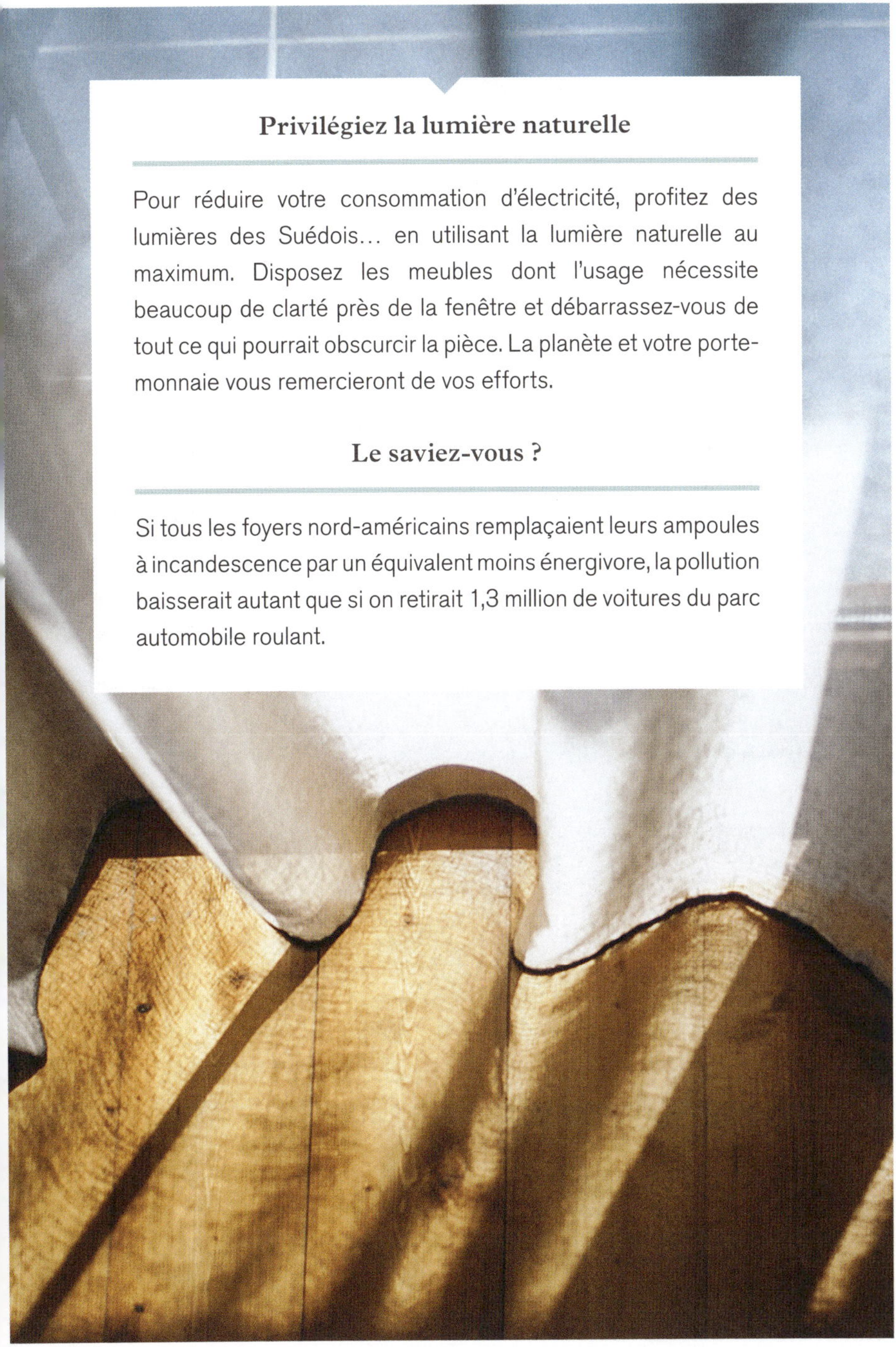

Privilégiez la lumière naturelle

Pour réduire votre consommation d'électricité, profitez des lumières des Suédois... en utilisant la lumière naturelle au maximum. Disposez les meubles dont l'usage nécessite beaucoup de clarté près de la fenêtre et débarrassez-vous de tout ce qui pourrait obscurcir la pièce. La planète et votre porte-monnaie vous remercieront de vos efforts.

Le saviez-vous ?

Si tous les foyers nord-américains remplaçaient leurs ampoules à incandescence par un équivalent moins énergivore, la pollution baisserait autant que si on retirait 1,3 million de voitures du parc automobile roulant.

Cinq habitudes à adopter dès aujourd'hui **pour économiser l'énergie**

Éteignez. Dans notre précipitation à quitter la maison le matin, on oublie facilement d'éteindre les lumières. Allons, quelques lampes allumées ne font pas une grande différence, n'est-ce pas ? Eh bien si ! 90 % de l'énergie utilisée par les traditionnelles ampoules à incandescence sont libérés sous forme de chaleur et, plus la puissance est élevée, plus vous économiserez en éteignant.

Débranchez à la source. Selon le département de l'Énergie américain, 75 % de la puissance de sortie de nos appareils électriques est consommée quand on ne les utilise pas. Pour vous donner un ordre d'idées, si tous les foyers britanniques débranchaient leur décodeur numérique la nuit, l'énergie économisée équivaudrait à la production annuelle d'une centrale électrique, ou à la préparation de 80 milliards de tasses de thé[48]. *Argh !*

Ne faites pas bouillir plus d'eau que vous n'en avez besoin. La UK Tea & Infusions Association a calculé que les Britanniques avalaient 175 millions de tasses de thé par jour. Sachant que trois personnes sur quatre admettent mettre trop d'eau dans la bouilloire, on estime que, si chacun ne faisait bouillir que la quantité de liquide dont il avait besoin, cela ferait économiser 75 millions d'euros par an au pays[49].

Occupez-vous des taches. Au « bon vieux temps » où on lavait ses habits à la main, les gens les portaient plus longtemps. Pourquoi ne pas nettoyer simplement avec un linge humide et aérer vos vêtements pour espacer les machines ? Vous pouvez même leur donner un bon coup de vapeur en les suspendant à côté de votre douche.

Laissez tomber le sèche-linge. Économisez de l'énergie en faisant sécher vos affaires sur une corde à linge dans le jardin ou sur un étendoir plutôt que dans le sèche-linge – vos habits n'en dureront que plus longtemps.

ÉCONOMISER L'EAU

Chaque fois que je me lave ou que je me brosse les dents, je peux compter sur mon mari pour couper le robinet (oui, c'est très agaçant). J'ai aussi remarqué qu'en Suède les douches sont beaucoup plus populaires que les bains. Cette habitude d'économiser l'eau est une préoccupation nationale, que le gouvernement lui-même prend très au sérieux.

Stockholm, par exemple, organise la semaine mondiale de l'Eau. Avec près de cent mille lacs et 11 500 km de littoral (sans compter les îles), la Suède n'est jamais à court d'eau. Pourquoi les Suédois se donnent-ils autant de mal pour la préserver ? Parce que, même si 70 % de la surface de la Terre est constituée d'eau, seul 1 % est potable. Les Nations unies tirent la sonnette d'alarme : d'ici à 2025, les deux tiers de la population mondiale vivront dans des zones où l'eau sera rationnée.

Beaucoup d'entre nous n'ont pas conscience de la quantité d'eau qu'ils consomment chaque fois qu'ils tirent la chasse, arrosent les plantes, font la vaisselle ou prennent une douche. En gardant cela à l'esprit, nous pouvons réduire la quantité d'énergie nécessaire à la production et à la distribution d'eau, donc faire baisser la pollution et préserver cette ressource. Pour le dire autrement, il est grand temps pour la planète que nous élevions notre niveau de jeu et que nous commencions à penser en termes d'empreinte « eau ».

« Quand le puits est sec, on connaît la valeur de l'eau. »

Benjamin Franklin, *L'Almanach du Bonhomme Richard*

Huit façons simples de réduire **votre empreinte eau**

Coupez le robinet quand vous vous brossez les dents ou quand vous vous rasez, et vous économiserez six litres d'eau par minute (www.waterwise.org.uk).

Limitez votre douche à cinq minutes. Un bain consomme en moyenne 260 litres d'eau, quand une douche de cinq minutes n'utilise que 40 à 100 litres. En installant un réducteur de pression sur votre pommeau de douche et en limitant la durée de celle-ci, vous pouvez réduire votre consommation de 80 %.

Remplissez la machine. Maximisez le remplissage du lave-linge et du lave-vaisselle avant de lancer le cycle, et privilégiez le mode éco chaque fois que c'est possible.

Réduisez le débit de la chasse d'eau. Les toilettes représentent à elles seules un tiers de la consommation d'eau d'un foyer[50], ce qui en fait l'installation la plus consommatrice de la maison. En recourant à une chasse d'eau à double flux, vous réduirez la quantité d'eau consommée à chaque utilisation.

Réparez les fuites. Un robinet qui fuit peut perdre jusqu'à 26 litres par jour, et des toilettes qui coulent, jusqu'à 200 litres. Ne tardez pas à faire venir le plombier !

Réutilisez l'eau. Impossible de résister à une petite trempette dans le bain ? Pensez à récupérer l'eau – ou celle de votre douche – pour arroser vos plantes.

Ne jetez pas de produits chimiques dans le lavabo, l'évier ou la cuvette des toilettes. Pensez à remplacer vos produits de toilette et d'entretien par des équivalents écoresponsables.

Éduquez les autres. Passez le mot à votre famille et à vos amis. Apprenez à vos enfants que l'eau est importante, et que celle qu'ils utilisent chaque jour provient des océans, des lacs, des rivières et des ruisseaux.

Conseil amusant

Aidez vos enfants à réduire leur consommation d'eau en leur faisant écouter leur chanson préférée durant leur douche. Quand la chanson est finie, c'est qu'il est temps d'attraper la serviette !

La douche d'extérieur à énergie solaire

J'ai visité en Suède bon nombre de maisons d'été pourvues d'une douche extérieure. Légèrement sceptique au début (je ne suis pas une grande fan des araignées), j'en suis venue à l'apprécier. Elle est non seulement parfaite pour se débarrasser du sable qui nous colle aux pieds au retour de la plage, mais il y a aussi quelque chose de grisant à se doucher à ciel ouvert (pas plus de cinq minutes, bien sûr). L'idée des douches à énergie solaire, l'une des façons les plus écoresponsables de se laver, commence à faire son chemin dans d'autres pays. Petit conseil : pour vous sentir vraiment à l'aise, pensez à installer un panneau ou un paravent !

Lagom et empreinte alimentaire

« *Food, glorious food !*[XX] » En plus d'assurer notre survie, quand elle est bien préparée et appréciée en bonne compagnie, la nourriture remplit notre âme autant que notre estomac. Comme pour toute autre consommation, il est important de limiter l'impact de nos habitudes alimentaires sur la planète. Pourquoi ne pas suivre l'exemple des Suédois en dégustant occasionnellement un plat végétarien, comme le *raggmunk* (galette de pommes de terre), en désencombrant nos cuisines, en emportant nos restes au travail et en faisant du compost de nos déchets ? De cette façon, nous pouvons réduire notre empreinte alimentaire sans nous priver d'un *härlig måltid* (repas savoureux) !

CUISINER EN RÉDUISANT SA CONSOMMATION D'ÉNERGIE

La cuisine est réputée être le cœur de la maison pour une bonne raison : c'est là qu'on prépare les repas, qu'on mange et qu'on passe du temps en famille ou entre amis. Mais saviez-vous que c'est également un endroit de la maison où l'on consomme une quantité phénoménale d'énergie ? En changeant quelques petites choses à votre façon de faire, vous pouvez économiser de l'énergie et du temps – ce qui ne vous empêchera pas de vous régaler de cette *äpplepaj* (tarte aux pommes) maison.

« Manger est un besoin, savoir manger est un art. »

La Rochefoucauld, *Maximes*

Cinq conseils pour **cuisiner écoresponsable**

Utilisez de bons ustensiles. Investissez dans des casseroles et des poêles de qualité pour optimiser la conduction de la chaleur, et choisissez celle dont la taille est adaptée à la quantité de nourriture que vous préparez, sans oublier de la couvrir pour retenir la chaleur à l'intérieur. Vous pourriez même envisager l'achat d'un autocuiseur, réputé réduire le temps de cuisson de 70 %.

Faites simple. Privilégiez les recettes qui ne requièrent qu'une seule casserole. Si vous préparez des pâtes, pensez à mettre une passoire au-dessus pour cuire vos légumes à la vapeur.

Choisissez les bons appareils électroménagers. Plus ils sont petits, moins ils consomment. Faites attention à leur indice de performance énergétique. Une étude récente a mis en lumière que les plaques à induction sont 32 % plus rapides et 57 % plus économes en énergie que les tables de cuisson au gaz[51].

Laissez le four fermé. Il est tentant de jeter un coup d'œil au poulet rôti du dimanche – mais saviez-vous que chaque fois que vous ouvrez la porte du four, 25 % de la chaleur s'en échappe ? Regardez plutôt à travers la vitre et utilisez un thermomètre extérieur. Vous attaquerez votre déjeuner plus tôt que vous ne l'espériez.

Utilisez un lave-vaisselle. S'il est récent, il sera moins gourmand en énergie et en eau que lorsque vous faites la vaisselle à la main (comme si vous aviez besoin d'une excuse pour ne pas la faire !).

Vous reprendrez bien un peu de *raggmunk* aux airelles ?

Je vais vous faire une confidence : l'un de mes plats préférés est l'entrecôte, juteuse et dorée à souhait, arrosée d'un grand verre de vin rouge (rien que d'y penser, j'en ai l'eau à la bouche). Je ne suis pas la seule. On estime à deux milliards le nombre de personnes dans le monde qui ont un régime essentiellement carné. Mais saviez-vous que ce type d'alimentation consomme beaucoup plus d'énergie, d'eau et d'espace qu'un régime végétarien[52] ? En fait, certains experts affirment que manger du bœuf a un plus grand impact sur notre empreinte carbone que conduire une voiture ! Pourquoi n'appliqueriez-vous pas la philosophie lagom en réduisant votre consommation de viande à une fois par semaine ? En ajoutant des ingrédients comme les airelles rouges (un classique, en Suède) et de quoi préparer un *raggmunk* (galette de pommes de terre) ou tout autre plat végétarien à votre liste de courses, vous allégerez votre empreinte carbone sans vous priver de cette entrecôte bien saignante. Ça donne à réfléchir, non ?

Combien d'énergie votre régime alimentaire consomme-t-il par an ?

LE RAGGMUNK SUÉDOIS
LA GALETTE DE POMMES DE TERRE À LA CONFITURE D'AIRELLES

Le traditionnel *raggmunk* est facile et rapide à préparer, et il constitue un mets de choix pour les végétariens (bien qu'on puisse aussi le servir avec du bacon).

Pour quatre galettes

+ 200 g de farine
+ 400 ml de lait entier
+ 2 œufs
+ 1 cuiller à café de sel
+ Du poivre noir (selon votre goût)
+ 600 g de pommes de terre épluchées
+ 2 carottes épluchées
+ 30 g de beurre
+ 1 pot de confiture d'airelles

1. Préchauffez votre four à 150 °C.

2. Dans un bol à mixer, mélangez la farine et la moitié du lait, et battez jusqu'à obtenir une texture lisse.

3. Ajoutez le reste du lait, puis les œufs, le sel et le poivre, et battez encore pour avoir une texture proche de celle de la pâte à crêpe.

4. Râpez grossièrement les pommes de terre et les carottes, et ajoutez-les dans le bol.

5. Faites fondre le beurre dans une poêle à frire, à feu fort.

6. Versez une bonne cuillerée de pâte dans la poêle chaude (la quantité dépend du diamètre que vous souhaitez – en ce qui me concerne, je mets deux cuillers à soupe pour une galette).

7. Faites revenir votre galette environ cinq minutes de chaque côté, jusqu'à ce qu'elle soit bien dorée.

8. Réservez votre galette au four et répétez les étapes 6 et 7 jusqu'à la fin de la pâte (si la taille de votre poêle le permet, vous pouvez en cuire plus d'une à la fois).

9. Une fois les galettes terminées, servez-les agrémentées d'une cuillerée de confiture d'airelles rouges. Si vous n'en trouvez pas, vous pouvez la remplacer par de la crème et de la ciboulette ciselée.

COMMENT LIMITER LE GASPILLAGE ALIMENTAIRE ?

Vous êtes déjà tombé nez à nez avec un concombre en état de putréfaction avancée au fond de votre frigo ? Ou sur une boîte de soupe de tomate périmée dans votre placard ? Peut-être avez-vous même déjà jeté des restes à la poubelle ? Vous n'êtes pas un cas isolé. Selon un rapport de 2012 intitulé « Volume de gaspillage alimentaire en Suède », ce sont les particuliers qui jettent le plus (devant les restaurants et les supermarchés). Selon l'agence de Protection de l'environnement des États-Unis, les citoyens américains ont jeté 38 millions de tonnes de nourriture en 2014. 95 % de ces déchets finissent enfouis ou incinérés et contribuent donc à accroître nos émissions de méthane[53].

Sachant que 35 % de ce gâchis pourrait être évité, les Suédois prennent la question du gaspillage alimentaire (*matavfall*) très au sérieux. En plusieurs endroits du pays, les autorités fournissent des sacs en papier pour récolter ce type de déchets, dont ils se servent pour produire du biogaz pour les bus. Aujourd'hui, la Suède est le leader mondial de la réduction du gaspillage alimentaire.

À un moment ou à un autre, notre frigo contient inévitablement des restes moisis ou des légumes pourris, mais ça ne veut pas dire qu'il faut les mettre à la poubelle pour autant. Si nous adoptons tous de nouvelles stratégies pour acheter, stocker et conserver la nourriture, nous économiserons de l'énergie et de l'argent. Il y a de nombreux moyens de s'assurer que même la carotte la plus molle et la patate vieille de plusieurs semaines ne finissent pas enfouies. Commençons par vos courses hebdomadaires !

Le saviez-vous ?

Chaque mois, la ville de Stockholm convertit 993 tonnes de déchets alimentaires (soit environ 1 kg par personne) en 115 000 m³ de gaz à destination des bus et des taxis.

« L'amour comme la nourriture sont faits pour être partagés, pas gaspillés. »

Anonyme

Six conseils pour **préparer ses courses**

Mangez ce qu'il y a dans le frigo avant de le remplir à nouveau.

Prenez note du nombre de repas que vos achats devront couvrir.

Inscrivez sur votre liste les ingrédients précis dont vous aurez besoin pour chaque repas.

Prévoyez un repas de restes au moins une fois par semaine.

Vérifiez que vous n'avez pas déjà en stock les aliments que vous prévoyez d'acheter.

Une fois au supermarché, tenez-vous-en à votre liste et ne vous laissez pas distraire pas les diverses offres et promotions.

Gardez un œil sur votre nourriture

Si vos placards et votre frigo sont pleins à craquer, difficile de voir ce que vous avez en stock ; il est donc probable que vous oubliiez des choses et finissiez par les jeter. Inspirez-vous de l'approche minimaliste des Suédois en gardant les aliments en quantité raisonnable, et organisez-les de façon à pouvoir toujours les embrasser du regard. Utiliser des contenants hermétiques transparents, comme des bocaux de conservation en verre, permet de garder vos aliments frais et bien visibles.

Rangez soigneusement

Souvent, on conserve les aliments au frigo en pensant qu'ils dureront plus longtemps. Mais ce n'est pas toujours le cas. Les bananes, par exemple, se conservent mieux à l'air libre (le froid, en ralentissant le processus de mûrissement, favorise la pourriture). Le lagom nous enseigne à prendre le temps de faire les choses comme il faut, donc intéressez-vous à la meilleure façon d'entreposer chaque aliment que vous achetez. Non seulement vous allongerez sa durée de vie, mais vous en optimiserez aussi le goût !

Des restes ? Un *pyttipana* !

Malgré tous nos efforts, il est inévitable d'avoir des restes. Que pouvons-nous en faire ? Ces côtes de porc froides et ces patates toutes molles ont l'air bien moins appétissantes que la veille, quand elles sortaient du four…

En raison de leurs moyens limités, nos ancêtres étaient passés maîtres dans l'art de la conservation et de la réduction du gaspillage. En Suède, le *pyttipana* (« poêlée de petits morceaux ») est un plat populaire qu'on préparait jadis à partir d'un méli-mélo de restes. Aujourd'hui, on y met des pommes de terre coupées en cubes, des bouts de viande, des oignons et des restes de légumes, qu'on fait revenir à la poêle. Pourquoi ne pas faire un essai avec ce que vous avez dans votre frigo ? Pour ajouter une authentique touche suédoise, servez-le avec des œufs au plat et des betteraves marinées, saupoudrez de ciboulette finement ciselée et transformez ainsi les restes d'hier en un mets de choix.

Smaklig måltid ! (« Bon appétit ! »)

Réalisez un compost

Vous aurez beau déployer des trésors d'inventivité, il vous restera toujours quelque chose. Mon beau-père vous dira que, si vous avez un jardin, le compostage est la meilleure façon de transformer vos épluchures, votre marc de café et vos coquilles d'œufs en un humus bourré de nutriments.

LE B.A.-BA DU COMPOST

Rien n'est plus simple que de commencer un compost : jetez simplement vos pelures de pommes de terre, vos coquilles d'œufs, votre herbe coupée et vos feuilles mortes en tas au fond du jardin. Ou faites ça dans les règles de l'art et investissez dans un bac à compost dernier cri. Mais, dans un cas comme dans l'autre, le processus est exactement le même.

+ N'utilisez que des choses organiques à 100 %.

+ Assurez-vous que votre compost contient des éléments humides et secs, verts et bruns.

+ Coupez ou déchirez chaque élément en petits morceaux et faites en sorte que votre tas soit toujours humide.

+ Aérez votre compost une fois par semaine en le retournant avec une fourche ou tout autre outil.

+ Une fois décomposé, l'humus obtenu est prêt à l'emploi – et votre jardin resplendira en un rien de temps !

RÉVEILLEZ LE FERMIER QUI SOMMEILLE EN VOUS

Enfant, j'ai passé de nombreux week-ends dans le jardin ouvrier de mes parents, et je ne peux pas dire que mes sœurs et moi étions enchantées à la perspective d'y aller. Mais il m'en est resté trois choses : l'image des rangées de pois de senteur, de courge et de haricots d'Espagne ; le *fool*[XXII] que ma mère préparait avec les groseilles à maquereau que nous cueillions en été ; et la fois où j'ai marché pieds nus sur une limace. Les Suédois adorent leurs *kolonilott* (jardins ouvriers), qui sont parfois agrémentés d'une bâtisse pouvant faire office de résidence secondaire, et dont on profite du début du printemps à la fin de l'automne (selon la date où l'eau est coupée pour éviter que les canalisations ne gèlent). Tout le monde n'a pas le temps (ou les moyens) d'entretenir un tel lopin de terre, mais c'est néanmoins quelque chose de très en vogue.

Faire pousser soi-même ses herbes aromatiques, ses fleurs et ses légumes est de plus en plus populaire chez les citadins, qui utilisent le moindre espace disponible : courettes, balcons, murs végétaux, ainsi que les parcs publics et même les garages reconvertis mis à leur disposition par les autorités locales, qui soutiennent ces initiatives de fermes urbaines – en allant jusqu'à fournir des jardinières et tout ce qu'il faut pour débuter.

Ceux qui n'ont pas la chance d'avoir un jardin privatif peuvent néanmoins cultiver une incroyable variété de choses sur leur balcon, voire entre deux raccords de bitume. Pourquoi ne rejoindriez-vous pas le mouvement en créant votre propre potager ? Vous bénéficierez non seulement de fruits et légumes produits localement et dans le respect de l'environnement (si vous vous y prenez bien), mais vous éviterez aussi de consommer des produits chimiques et réduirez votre empreinte carbone.

Cinq façons de jardiner dans **un espace réduit**

Le jardin vertical. Quand l'espace au sol se fait rare, regardez vers le haut ! Tout ce qu'il vous faut, c'est un grillage ou un mur nu, et c'est parti pour un potager ascensionnel !

L'arbre fruitier en espalier. Qui a dit que vous ne pouviez pas avoir de verger dans une arrière-cour de quatre mètres carrés ? Il existe des greffes d'arbres fruitiers spécialement conçues pour occuper le moins d'espace horizontal possible – ils n'en donneront pas moins de quoi vous rassasier cet automne.

Une jardinière à votre fenêtre. Idéale pour cultiver salades et herbes aromatiques… sans avoir à enfiler vos bottes en caoutchouc !

Le rebord de la fenêtre. Si même l'option précédente vous est impossible, vous pouvez toujours installer un bac à l'intérieur pour faire pousser des herbes, des tomates et autres ingrédients essentiels à une salade composée.

Les lampes de culture. Si votre maison dispose de peu de lumière et d'aucun espace extérieur, il reste une solution. Procurez-vous des graines et des plantes qui poussent sous lumière artificielle et jardinez sans quitter le confort de votre salon.

L'astucieux jardin vertical

Pour fabriquer un jardin vertical, il suffit d'accrocher un casier à chaussures en tissu, de planter une sélection de vos herbes préférées dans les poches, et le tour est joué !

« Oublier
comment creuser et
travailler la terre,
c'est s'oublier
soi-même. »

Gandhi

Le potager ou jardin de simples collectif

La majorité des résidences d'habitation suédoises disposent d'un jardin pour garer son vélo ou simplement profiter de l'extérieur. En rendant visite à des amis, j'ai souvent remarqué la présence de petits carrés cultivés, où poussaient des rangées d'herbes aromatiques comme du romarin, du thym et de la menthe, que les résidents sont invités à cueillir pour leur usage personnel.

Si vous avez accès à un espace extérieur collectif, pourquoi ne pas lancer un potager communautaire ? Ça ne demandera pas beaucoup de travail si l'entretien est partagé, et vous serez étonné de voir à quelle vitesse repoussent les herbes aromatiques – assez vite pour que tout le monde en ait sa part.

De la poubelle à la jungle urbaine

Si la tarte aux pelures de pomme de terre ou le smoothie à la peau de banane n'est pas (encore !) votre truc, et que vous n'avez pas assez de place pour faire un compost, vous pouvez aussi transformer vos déchets organiques en une oasis urbaine. Vous trouverez sur YouTube toutes sortes de tutoriels pour vous apprendre comment faire pousser des plantes à partir de ces déchets (voir les quelques suggestions ci-après). Chez nous, mes enfants et moi sommes toujours émerveillés de voir de vieilles feuilles de laitue ou des gousses d'ail se transformer en une plante luxuriante. Et ça ne vous coûtera pas un radis !

Trois plantes qui poussent **sur des déchets**

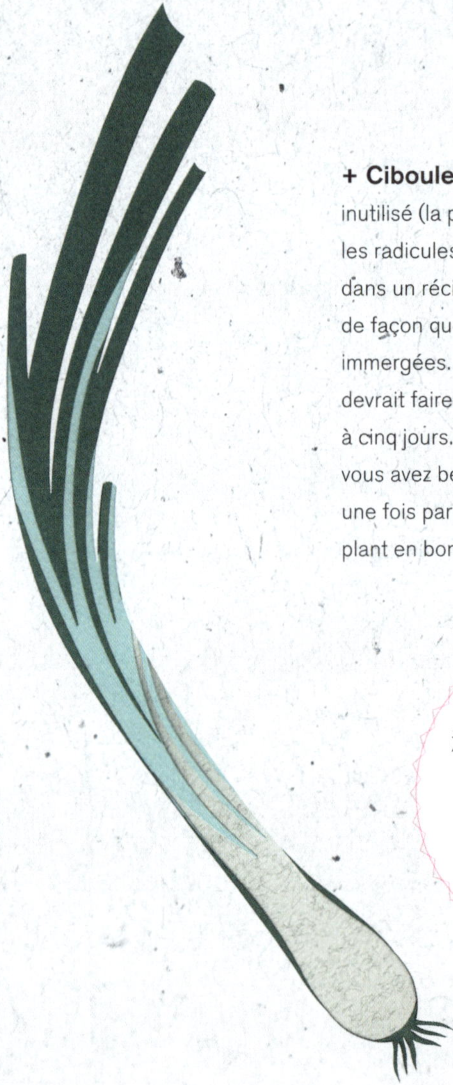

+ Ciboule. Récupérez un bulbe inutilisé (la partie blanche avec les radicules) et placez-le à la verticale dans un récipient avec un peu d'eau, de façon que seules les racines soient immergées. Une nouvelle pousse devrait faire son apparition en trois à cinq jours. Coupez seulement ce dont vous avez besoin et changez l'eau une fois par semaine pour garder votre plant en bonne santé.

Si vous jardinez à l'extérieur, assurez-vous de planter et de cueillir à la bonne saison.

+ Ail commun. Extrayez une gousse d'une tête d'ail et plantez-la (cosse comprise) dans un grand pot, partie pointue vers le haut (à au moins cinq centimètres du bord et deux centimètres et demi sous la surface). Laissez-la au soleil et assurez-vous que la terre est toujours humide. Quand de petites pousses commencent à sortir, coupez-les à ras de terre. Entre huit et dix mois plus tard, les pousses se mettront à brunir, et vous saurez qu'il est temps de récolter le bulbe (la tête). Suspendez ce dernier à un bout de ficelle dans un endroit frais pour le faire sécher pendant une semaine avant consommation.

+ Feuille de laitue. Mettez-en une dans un bol avec un fond d'eau, au soleil, et humidifiez-la deux fois par semaine. Au bout d'environ quatre jours, vous verrez se former des racines, que vous n'aurez plus qu'à replanter.

RECETTE DE LA FAMILLE BRANTMARK

LE SIROP DE FLEUR DE SUREAU

Chaque année en Suède, au mois de juin, les sureaux reviennent à la vie et produisent de délicates fleurs blanches. Je suis particulièrement friande du sirop qu'en font mon beau-frère Johan et sa femme Monica, et qu'ils servent en été.

Pour environ 2,5 litres de sirop :

+ 35 à 40 fleurs de sureau noir (*Sambucus nigra*), sans les tiges*
+ 3 à 4 citrons (de préférence bio ou non traités après récolte)
+ 1,5 l d'eau
+ 1,5 kg de sucre semoule
+ 50 g d'acide citrique

1. Certaines recettes vous conseillent de rincer les fleurs, mais Johan et Monica trouvent que ça atténue le goût. Secouez-les plutôt pour les débarrasser des insectes.

2. Mettez les fleurs dans un bol d'une capacité d'au moins quatre litres.

3. Rincez les citrons, coupez-les en fines rondelles (avec le zeste) et ajoutez-les dans le bol.

4. Versez l'eau dans une casserole et portez à ébullition.

5. Ajoutez le sucre dans la casserole en remuant avec une spatule en bois jusqu'à dissolution complète.

6. Retirez la casserole du feu et versez-y l'acide citrique.

7. Versez le sirop obtenu sur les fleurs et les citrons en remuant au besoin.

8. Couvrez le bol avec un couvercle ou du film étirable et laissez-le au frigo ou dans tout autre endroit frais pendant trois à quatre jours.

9. Filtrez le liquide à travers une passoire ou un fin torchon, selon l'épaisseur du liquide que vous souhaitez obtenir (la texture n'a aucune influence sur le goût).

Comment le servir ?

Coupez le sirop avec de l'eau (à votre convenance, mais pas plus de cinq mesures) et servez cette rafraîchissante boisson avec des glaçons. Vous pouvez également l'utiliser pour agrémenter une salade de fruits, aromatiser un cake, en faire un sorbet et même parfumer votre boisson alcoolisée préférée pour lui donner un incomparable goût d'été.

Comment le stocker ?

La meilleure façon de le faire durer tout l'été est de le mettre au congélateur. Il restera relativement mou, donc vous pourrez le sortir à tout moment pour en faire fondre la quantité souhaitée dans de l'eau.

* Il existe plusieurs variétés de sureaux, dont certaines sont toxiques. Choisissez toujours le sureau noir (*Sambucus nigra*) pour votre sirop. On le reconnaît à ses grappes plates de fleurs blanc-jaune et blanches à l'intérieur.

Consultez toujours un expert avant de consommer des produits que vous avez cueillis.

Schnaps arrangé et bière maison

Aucune fête chez mon beau-père ne serait complète sans son schnaps arrangé. Par un procédé magique, ses infusions d'armoise, d'aneth, de myrica ou de millepertuis dans l'aquavit donnent à ce nectar un goût particulièrement savoureux. Les bouteilles transparentes recyclées et les étiquettes faites main au charme désuet (qui comportent souvent un croquis de l'herbe utilisée) participent à l'enchantement.

Si le biologiste en vous ne demande qu'à s'exprimer, mais que vous n'êtes pas très porté sur les boissons fortes, pourquoi ne pas tenter de brasser votre propre bière ? Les micro-brasseries ont poussé en Suède avant qu'on ait pu dire « *Öl, tack* » (« Une bière, s'il vous plaît »), et la tendance fait des émules dans les foyers. Brasser chez soi s'inscrit dans une démarche écoresponsable, bio et on ne peut plus locale ! Dans ce monde qui court après le temps, la bière maison se produit sans trop d'efforts, et je me suis laissé dire que le processus de création est hautement gratifiant.

Si vous voulez essayer, vous trouverez de nombreux tutoriels en ligne pour apprendre à faire votre schnaps arrangé et votre bière maison. Vous allez vous régaler d'un shot ou d'une pinte en un rien de temps !

Lagom et écologie au quotidien

Les transports personnels ne sont pas les seuls responsables des émissions de gaz à effet de serre. Ce que nous achetons a bien souvent traversé la moitié de la planète avant d'arriver chez nous. Sans compter l'énergie (et les déchets) qu'a impliquée la fabrication de chaque objet. Au cours de la décennie écoulée, j'ai remarqué une tendance qui gagnait du terrain : les Suédois, plus malins économiquement, achètent d'occasion, s'organisent en réseaux de prêt et réparent ce qu'ils ont déjà. Je vous promets qu'une fois que vous vous y serez mis, vous vous demanderez pourquoi diable vous achetiez tant de nouvelles choses !

TRANSPORTS ÉCORESPONSABLES

En Suède, faire ses courses à bicyclette est une seconde nature. C'est tout simplement une façon plus pratique de se déplacer. Parfois, cependant, un vélo ordinaire n'est pas ce qu'il y a de plus adapté – la distance est trop importante, vous avez trop à porter ou alors ce sont les dieux de la météo qui ne sont pas de votre côté (même si vous avez les habits adéquats).

Ces jours-là, il est tentant de sauter dans le confort de sa voiture, de pousser le chauffage à fond et de chanter à tue-tête en écoutant la radio. Après tout, votre voiture vous attend, là dehors, et vous n'avez pas à consulter d'horaire ni à attendre dans les courants d'air de l'abribus. Mais, si nous prenons en compte les émissions de gaz carbonique, il existe bien d'autres moyens de transport écoresponsables.

Le vélo porteur

Également connu sous le nom de vélo cargo ou de biporteur, un vélo porteur est équipé d'un bac à l'avant vous permettant de transporter des charges importantes sans utiliser votre voiture. Enfants, courses, matériel professionnel, sapin de Noël… Ce vélo génial est un moyen ultra-efficace de déplacer tout votre petit monde sans rien ajouter à votre empreinte carbone. Et c'est encore mieux que la gym pour faire travailler ses quadriceps !

Le vélo électrique

L'autre jour, je pédalais comme une dératée sur une piste cyclable de Malmö (en retard, comme d'habitude), quand un vieux monsieur m'a doublée en toute décontraction et sans perdre la moindre goutte de sueur. Abasourdie, et compétitive par nature, je me suis mise à redoubler d'efforts pour le rattraper. Mais l'autre, qui n'en finissait plus de creuser l'écart, a fini par disparaître dans le soleil couchant. Ce n'est que plus tard que j'ai compris qu'il avait un vélo électrique, ou VAE (Vélo à assistance électrique).

Qu'est-ce qu'un VAE, exactement? C'est un vélo mû par un moteur électrique, dont l'utilisateur peut choisir le niveau d'intervention, qui va de nul (comme n'importe quel vélo classique) à total (plus aucun effort à produire – idéal pour les longues distances).

Sachant qu'il fonctionne sur batterie, le VAE ne sert-il qu'à vous déplacer plus vite, ou réduit-il réellement votre empreinte carbone ? Même s'il n'émet pas de dioxyde de carbone, il faut tenir compte de l'énergie utilisée pour le fabriquer et le maintenir en charge. Et que devient la batterie à la fin de sa vie ? Disons, pour faire simple, que si vos trajets quotidiens sont trop longs pour un vélo classique, le VAE est un choix sensiblement plus écologique qu'une voiture ou une moto. Sans compter qu'il est moins cher, tant à l'achat qu'à l'usage, et que vous ne perdrez plus une seconde dans les bouchons.

Optimisez l'utilisation de votre voiture

Même ces dingues du vélo que sont les Suédois doivent reconnaître que nous ne pouvons pas nous passer de notre voiture en certaines occasions – que la contrainte soit la distance, le temps ou le chargement. Il est cependant toujours possible de réduire notre impact sur l'environnement. Ceux qui l'utilisent pour se rendre au travail peuvent économiser de l'argent et réduire leurs émissions en partageant leur trajet avec des collègues. Si aucun d'eux ne va dans la même direction que vous, ou que vous vous apprêtez à faire un trajet exceptionnel, inscrivez-vous sur un site de covoiturage pour trouver des gens qui veulent se rendre au même endroit en polluant le moins possible. Vous économiserez une petite fortune et, qui sait, peut-être allez-vous faire la fête tout au long du trajet (ou plus simplement apprécier un peu de compagnie).

Bon nombre de mes amis suédois utilisent les voitures électriques en libre-service plutôt que d'investir dans leur propre véhicule. C'est un peu la même chose que de louer à un professionnel, à la différence près que cela peut se limiter à quelques heures ou à un trajet exceptionnel, le prix étant calculé au plus juste du temps passé et du kilométrage parcouru. Ce type de système, qui se développe dans toutes les zones urbaines, est peut-être adapté à vos besoins. De plus, vous profiterez d'un véhicule toujours propre (pas de cornflakes sur le siège arrière, comme dans votre voiture) et réduirez votre empreinte carbone. Et si vous n'en avez pas besoin tous les jours, vous économiserez beaucoup d'argent.

Les voitures électriques et hybrides concentrent aujourd'hui de nombreux enjeux de l'industrie automobile. Lors du Swedbank Nordic Energy Summit à Oslo, en 2016, l'auteur et entrepreneur Tony Seba a prédit que tout le parc automobile roulerait à l'énergie électrique d'ici à 2030. Il faut cependant savoir comment sera produite toute cette électricité avant de pouvoir affirmer que cela sera plus écologique que nos véhicules diesel ou essence. Ce qui est sûr, en tout cas, c'est qu'une fois sur la route, même un hybride émet moins de dioxyde de carbone et d'oxyde d'azote que les voitures traditionnelles, ce qui en fait un choix plus vert. En investissant dans une automobile de ce type, vous encouragez les industriels à travailler dans le bon sens. Et, comme les énergies renouvelables continuent de gagner du terrain, on peut espérer que le secteur automobile progresse à pas de géant.

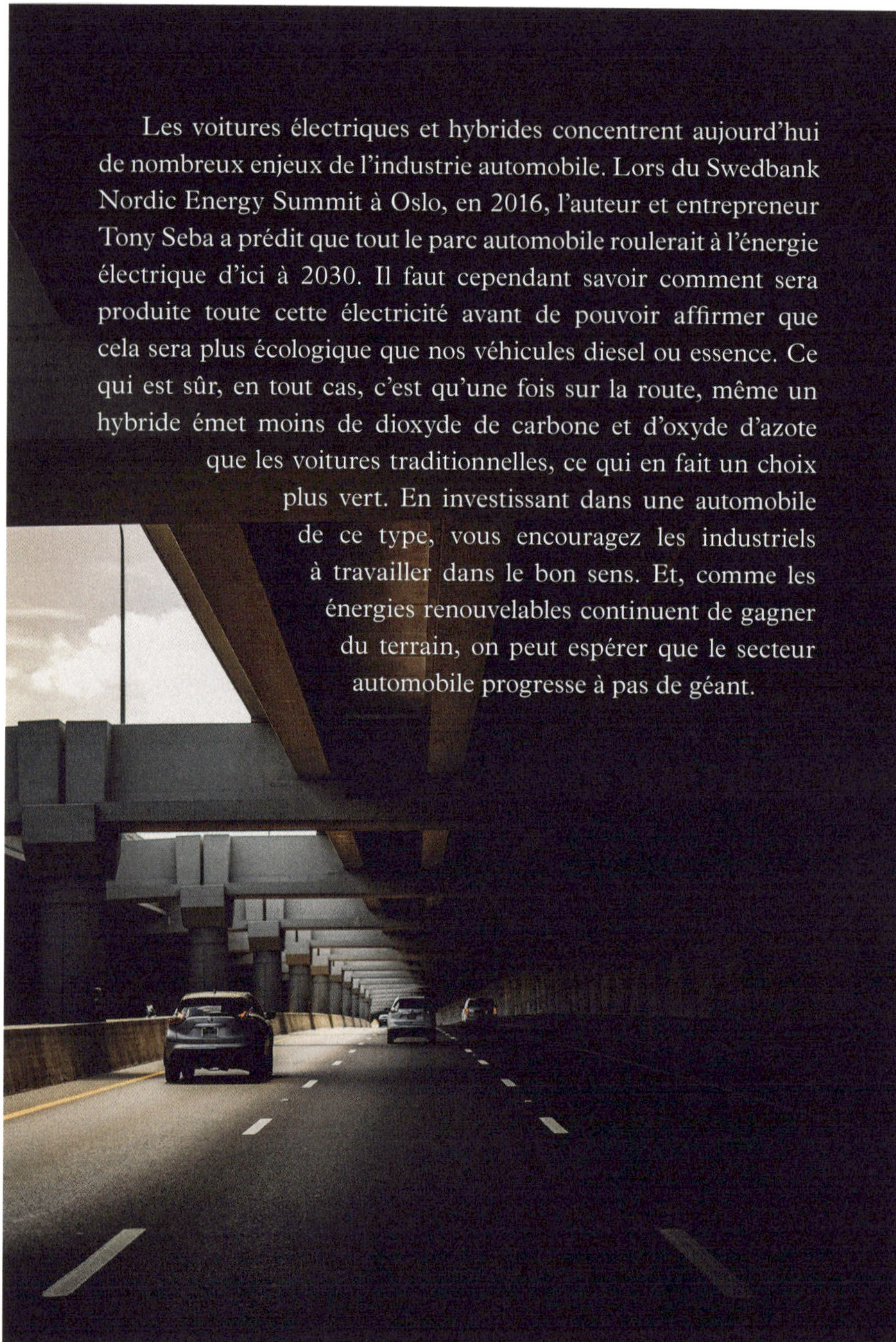

Les transports en commun

Le covoiturage ultime nous attend souvent au bout de la rue : je veux bien sûr parler des transports publics. Dans votre esprit, le bus peut être synonyme de pots d'échappement crachant une fumée noire, mais de nos jours ce mode de transport est de plus en plus propre. Les autorités du monde entier travaillent à la mise en circulation de bus, de trains et de trams plus verts et plus accessibles afin de réduire le nombre de véhicules à énergie fossile sur la route. En Suède, le carburant renouvelable compte pour 67 % de la consommation des bus[54] et, si l'on considère que le gouvernement souhaite augmenter cette proportion à 100 % d'ici à 2025, le bus est certainement un moyen de transport plus écoresponsable que la voiture. Car, pour réduire l'empreinte carbone de chacun, rien de mieux que de caser un maximum de voyageurs dans un seul véhicule. En d'autres termes, prendre le bus ou le train plus souvent aura un impact positif sur l'environnement.

Les vertus du silence

Dans beaucoup de villes suédoises, il est illégal de faire tourner son moteur à l'arrêt pendant plus d'une minute ou deux. La plupart des voitures d'aujourd'hui disposent d'un système Stop & Start, mais si ce n'est pas le cas de la vôtre et que vous attendez un ami ou que vous êtes coincé dans les embouteillages, pourquoi ne pas couper votre moteur durant quelques minutes ? Vous réduirez ainsi vos émissions polluantes et profiterez d'un moment de silence.

ACHETER ÉCORESPONSABLE

Selon l'Institut suédois de recherche sur l'environnement (IVL), la fabrication d'un téléphone portable produit 86 kilos de déchets. Auxquels s'ajoute la mise au rebut de l'appareil dès lors qu'il est cassé ou obsolète. « Chacun de nous peut mieux faire, en réfléchissant à deux fois avant d'acheter quelque chose de nouveau », conseille l'écologiste Ann Nerlund. « Il est difficile de résister aux modes, à la publicité et aux tentations quotidiennes – mais une fois que vous aurez pris conscience de l'impact environnemental de chaque nouvel article que vous achetez, prendre cette décision vous paraîtra plus aisé. »

Acheter moins, ce n'est pas non plus se priver. Il y a quantité de façons de se procurer ce dont vous avez besoin sans nécessairement causer de tort à la planète.

Acheter plus vert

Une étude réalisée par la Commission européenne a découvert que 40 % des Suédois achetaient au moins une fois par mois un article doté d'un label environnemental, ce qui les place au premier rang des pays d'Europe. Les labels environnementaux, ou étiquettes vertes, sont faits pour inciter les consommateurs à considérer l'impact écologique de leurs achats. En privilégiant ce type d'articles, vous décidez consciemment d'agir en faveur de la planète. Et, comme ils ne contiennent pas de produits chimiques, ils sont meilleurs pour votre santé (et pour celle des gens qui les ont fabriqués).

Acheter d'occasion

Le marché de la fripe a explosé en Suède ces dernières années, de plus en plus de gens se tournant vers l'occasion.

Donner une nouvelle vie à un vêtement vintage permet d'économiser l'énergie nécessaire à la fabrication et au transport d'un article neuf – et vous aurez la satisfaction de porter quelque chose d'unique.

Il n'y a aucune raison de s'arrêter aux habits. Les Suédois adorent marchander au *loppis* (marché aux puces), écumer les sites de petites annonces, les brocantes et les trocs pour trouver tout ce dont ils ont besoin. Ils font même participer leurs enfants en les aidant à vendre jouets et vêtements et à acheter sur les stands des *barnloppis* (puces pour enfants). Si vous n'avez pas encore goûté aux joies de ce mode d'achat, pourquoi ne pas essayer ? On y trouve tout ce qu'il faut, si on prend la peine de bien chercher.

AND

Quatre choses qu'il vaut mieux **acheter d'occasion**

Les vélos. Neufs, ils peuvent coûter cher, aussi vaut-il mieux les acheter d'occasion. Avec un peu d'huile de coude pour les remettre en état, vous partirez travailler à bicyclette et économiserez de l'argent en un rien de temps.

Les jouets et vêtements pour enfants. Nos chers bambins deviennent plus beaux et plus grands chaque jour, mais cela signifie aussi que leurs vêtements et leurs jouets sont régulièrement obsolètes avant même d'être usés. La bonne nouvelle, c'est qu'il y a des tas de bonnes affaires à dénicher d'occasion, dont certaines semblent tout à fait neuves.

Les bijoux. Peu de gens sont conscients que les bijoux ne valent plus grand-chose d'occasion. On peut trouver les plus belles pièces à un prix nettement inférieur à celui pratiqué dans les bijouteries, et chacune d'elle a une histoire, ce qui la rend unique.

Les articles de sport et les instruments de musique. Regardons les choses en face : quand nous (ou nos enfants) essayons un nouveau sport ou un nouvel instrument, nous avons rarement besoin de nous équiper comme un pro. Pourquoi alors ne pas acheter d'occasion ce qu'il nous faut pour commencer ? On trouve des skis, des raquettes de tennis ou des violons pour une bouchée de pain, et vos soins attentionnés leur donneront une nouvelle vie. Et si ça ne marche pas comme vous le voudriez, vous pourrez toujours accuser le matériel !

L'importance du partage

Ma famille et moi avons la chance d'avoir des voisins formidables. Je ne compte pas le nombre de fois où nous avons frappé à leur porte pour leur emprunter quelque chose. Ils sont toujours disposés à nous aider, et je suis contente de les voir se tourner vers nous pour des raisons similaires.

Ce genre d'« emprunts » existe depuis l'apparition de l'homme sur Terre. Mais de nos jours nous avons poussé le système à un degré de sophistication inégalé. Dans ma ville d'adoption de Malmö, par exemple, il y a beaucoup de plans de partage. Les particuliers peuvent emprunter gratuitement des outils à la bibliothèque et des équipements sportifs à la *Fritidsbanken* (la banque de loisirs). Regardez s'il n'existe pas de telles formules près de chez vous. Vous ferez des économies et réduirez votre empreinte carbone.

Reprisez-moi ces chaussettes !

Raccommoder ses chaussettes a longtemps été considéré comme une activité appartenant au passé. De nos jours, une chaussette trouée finit immanquablement au panier (surtout en Suède, où vos orteils ont de grandes chances d'être vus dès que vous êtes invité quelque part). En fait, nous aggravons la situation chaque fois que nous jetons ce qui est cassé : appareils électriques, jouets, ustensiles ménagers… tous finiront probablement enfouis.

Mais, en Suède, les choses commencent à changer. Le gouvernement prévoit de mettre en place des crédits d'impôt et une TVA allégée pour réduire le coût des réparations d'objets tels que les machines à laver, les vélos et les vêtements. Et des marques suédoises comme Nudie Jeans proposent à leurs clients un service en ligne de remise en état. « Nous pensons que *jeter* et *jeans* sont des mots qui ne vont pas ensemble », affirme Eliina Brinkberg, responsable environnement chez Nudie Jeans. « Nous promouvons un mode de consommation plus lent en permettant à nos clients d'utiliser nos produits plus longtemps. Nous leur donnons ainsi la possibilité de s'inscrire dans une démarche durable. »

Donc, la prochaine fois que vous vous apprêtez à jeter quelque chose à la poubelle, prenez un instant pour vous demander si vous ne pouvez pas le réparer. Qui sait ? Vous vous retrouverez à repriser vos chaussettes plus tôt que vous ne le pensiez.

Conclusion

« La juste quantité est toujours la meilleure. »

Écrire ce livre a été une aventure. Cela fait treize ans que je vis en Suède avec mon mari, et que mes enfants y sont scolarisés. Aussi pensais-je tout savoir sur les Suédois et leur mode de vie lagom. En fait, je croyais que l'impétueuse Londonienne que j'étais avait tranquillement laissé les rênes à une version plus calme de moi. Après tout, je me suis convertie aux *umgås* et aux *fika*. J'essaye de ne pas travailler pendant les vacances, et mon mari et moi nous partageons l'éducation des enfants et les tâches ménagères à parts égales. Je fais même du vélo sous la neige. N'est-ce pas assez suédois ?

Durant ces six derniers mois, j'ai eu le plaisir de m'entretenir avec de nombreux Suédois sur les sujets relatifs au lagom – ma famille, mes amis, des experts et même des étrangers au café (le lagom se révèle un parfait moyen de briser la glace si vous voulez engager la conversation avec un taciturne Suédois). Les réactions ont toujours été très animées, et il semblerait que tout le monde ait un avis sur la question. Ce qui m'a le plus frappée, c'est la propension des Suédois à appliquer le lagom de façon absolument naturelle, sans même y penser. Ralentir et prendre le temps de faire les choses sans urgence est, pour eux, aussi instinctif que de déguster des boulettes de viande et de la purée ou de faire leurs courses chez IKEA.

Mais comme le dit l'adage : « On peut sortir une fille de Londres, mais pas lui sortir Londres de la tête. » En tant que Britannique vivant en Suède, il y a certaines habitudes dont je ne peux (ou ne veux) tout simplement pas me débarrasser. Et peut-être vous dites-vous la même chose. Mais vous savez quoi ? Ce n'est pas un problème, car toute la beauté de l'approche lagom, c'est que c'est très personnel. Il s'agit de trouver un équilibre qui vous convienne. Vous voulez cette part de gâteau ? Mangez-la. Vous voulez vous balancer au lustre ? Faites-le, absolument (quoiqu'un Suédois, naturellement porté sur la sécurité, risque de vous le déconseiller). Et nul besoin de culpabiliser et de vous infliger un mois de régime strict ou de vous interdire les expresso-Martini.

Le lagom n'a pas pour objet de vous détourner des plaisirs de la vie, mais vous invite à les apprécier avec modération – de façon saine et équilibrée. Et peut-être que, comme moi, vous vous rendrez compte qu'appliquer cette philosophie en changeant quelques petites choses dans votre vie quotidienne ne vous apportera pas seulement l'équilibre, mais aussi un grand sentiment de calme et de satisfaction.

Remerciements

Ce livre a vraiment été un travail d'équipe ! Le nombre de personnes qui y ont participé est tout bonnement incroyable. Mentionner chacune d'elles ferait l'objet d'un nouveau chapitre. Ces derniers mois, beaucoup de gens m'ont gratifiée de leurs conseils, de leurs trucs, de leurs connaissances, de leur expérience personnelle, de leurs idées DIY et de leurs recettes ; les autres m'ont ouvert leur cœur et leur esprit pour que je me sente bien dans mon merveilleux pays d'adoption. Certains sont à mes côtés depuis toute une vie.

J'ai essayé de mon mieux de remercier individuellement chacun d'entre vous. Cependant, je voudrais dire à tous à quel point je suis reconnaissante pour l'amour, le soutien et les encouragements que vous m'avez prodigués. En « juste quantité » !

Notes du traducteur

I. Et un an après les petits Français.

II. *Do It Yourself* – littéralement « Faites-le vous-même ».

III. Littéralement « vivre lentement ».

IV. « L'Art de dormir » et « Les Trois Ballons », textes non traduits en français.

V. *Fear of Missing-Out*, littéralement « La peur de manquer quelque chose », corollaire de l'addiction aux réseaux sociaux.

VI. *Le Trône de fer 6, Intrigues à Port-Réal*, trad. Jean Sola, Pygmalion, 2001 (J'ai lu, 2003).

VII. Trad. Georges Pauthier, Ambroise Dupont & Cie, 1828.

VIII. Alpiniste et aventurier, célèbre pour son émission de télé-réalité « Seul face à la nature ».

IX. On le trouve en France, commercialisé par la marque Wasa.

X. Trad. Clara Malraux, Éd. Gonthier, Biarritz, 1965.

XI. « Les vingt premières minutes », non traduit en français.

XII. Liqueur d'arak, parfois aromatisée (ne pas confondre avec le punch).

XIII. Littéralement « vendredi décontracté ».

XIV. S'il existe en France des établissements du secondaire préparant aux métiers en lien avec la nature (bac pro « Forêt », BTSA « Gestion forestière », etc.), ce concept d'école pour les petits reste très peu développé chez nous.

XV. « Le rôle des parents dans l'athlétisme », texte non traduit en français.

XVI. Contre 26 700 en France la même année (source OFPRA).

XVII. Néologisme formé sur la contraction de « recycler » et « free » (« gratuit » en anglais).

XVIII. La citation est fautive, Muir a en réalité écrit : « *When we try to pick out anything by itself, we find it hitched to everything else in the Universe.* », qui pourrait approximativement se traduire par : « Il est impossible d'isoler un élément qui ne soit lié au reste de l'univers. »

XIX. En France, la distribution des sacs plastique à usage unique est interdite depuis le 1er juillet 2016.

XX. Littéralement « Nourriture, glorieuse nourriture ! ». Paroles de la chanson d'ouverture de *Oliver!*, célèbre comédie musicale jouée pour la première fois à Londres en 1960.

XXI. Tonne d'équivalent en dioxyde de carbone.

XXII. Dessert anglais à base de purée de fruits et de crème fouettée sucrée.

Notes de l'auteur

1. McMains, S. & Kastner, S., « Interactions of top-down and bottom-up mechanisms in human visual cortex », *Journal of Neuroscience*, janvier 2011, 31(2), doi:10.1523/JNEUROSCI.3766-10.2011.
2. Nieuwenhuis, M., Knight, C. *et al.*, « The relative benefits of green versus lean office space: Three eld experiments », *Journal of Applied Psychology*, septembre 2014, 20(3), pp.199-214.
3. Van den Berg, M., Maas J. *et al.*, « Autonomic nervous system responses to viewing green and built settings », *International Journal of Environmental Research*, 2015, 12(12), doi:10.3390/ijerph121215026.

4. Harb, F., Hidalgo, M.P., & Martau, B., « Lack of exposure to natural light in the workspace is associated with physiological, sleep and depressive symptoms », *Chronobiology International*, avril 2015, 32(3), pp.368-75.
5. Les ampoules LED de première génération ne varient qu'en intensité, mais les nouvelles LED peuvent également changer de température de couleur.
6. https://www.rugdoctor.co.uk/about-us/news/what-lies-beneath-the-dirty-truth-about-our-carpets.
7. Hysing, M., Pallesen, S. *et al.*, « Sleep and use of electronic devices in adolescence », *BMJ*, 2015, 5(1).
8. Jansky, L. *et al.*, « Immune system of cold-exposed and cold-adapted humans », *European Journal of Applied Physiology*, 1996, 72(5-6) pp. 445-50.
9. Shevchuk, N., « Adapted cold shower as a potential treatment for depression », *Medical Hypotheses*, 2008, 70(5), pp. 995-1001.
10. Laukkanen, T., Khan, H., Zaccardi, F. & Laukkanen J.A., « Association between sauna bathing and fatal cardiovascular and All-cause mortality events », *JAMA Internal Medicine*, 2015, 175(4), pp. 542-548, doi:10.1001/jamainternmed.2014.8187.
11. Richardson, M., Cormack, A. *et al.*, « 30 days wild: Development and evaluation of a large-scale nature engagement campaign to improve well-being », *PLOS*, février 2016, https://doi. org/10.1371/journal.pone.0149777.
12. Uusitupa, M. *et al*, « Effects of an isocaloric healthy Nordic diet on insulin sensitivity, lipid pro le and in ammation markers in metabolic syndrome », *Journal of International Medicine*, mars 2013, doi:10.1111/joim.12044.
13. Heyman, L., Axling, U., Blanco, N. *et al.*, « Evaluation of beneficial metabolic effects of berries in high-fat fed C57BL/6J mice », *Journal of Nutrition and Metabolism*, janvier 2014, doi:10.1155/2014/403041.
14. Martin, A., Goryakin, Y. & Suhrcke, M., « Does active commuting improve psychological wellbeing? Longitudinal evidence from eighteen waves of the British Household Panel Survey », *Preventive Medicine*, décembre 2014, https://doi.org/10.1016/j.ypmed.2014.08.023.
15. Pencavel, J., « The productivity of working hours », *Stanford University*, avril 2014, http://ftp.iza.org/ dp8129.pdf.
16. Rosenberg, J., Maximov, I.I., Reske, M., Grinberg, F. & Shah, N.J., « "Early to bed, early to rise": Diffusion tensor imaging identities chronotype-specificity », *NeuroImage*, janvier 2014, https://doi.org/10.1016/j.neuroimage.2013.07.086.
17. Randler, C., « Proactive people are morning people », *Journal of Applied Social Psychology*, 2009, 39(12), doi:10.1111/j.1559-1816.2009.00549.x.
18. Elias, C., « Morning people happier and healthier than night owls », *University of Toronto Faculty of Arts & Science*, juin 2012, http://www.artsci. utoronto.ca/main/newsitems/morning-people-happier.
19. Hunter, E. M. & Wu, C., « Give me a better break: Choosing workday break activities to maximize resource recovery » *Journal of Applied Psychology*, 101(2), février 2016, doi: 10.1037/apl0000045.
20. Données extraites de l'application DESKTIME.
21. *Cornell Chronicle*, septembre 1999, http://www.news.cornell.edu/stories/1999/09/onscreen-break-reminder-boosts-productivity.
22. Suomen Akatemia (Academie de Finlande), « Listening to music lights up the whole brain », *ScienceDaily*, décembre 2011, https://www.sciencedaily.com/releases/2011/12/111205081731.htm.

23. *Journal of Sleep and Sleep Disorders Research*, 2013, 36(1), http://www.journalsleep.org/ resources/documents/2013Abstract Supplement.pdf.

24. *Cornell Chronicle*, octobre 2004, http://www.news.cornell.edu/stories/2004/10/warm-offices-linked-fewer-typing-errors-higher-productivity.

25. Nieuwenhuis, M., Knight, C., Postmes, T. & Haslam, S. A., « The relative benefits of green versus lean office space: Three eld experiments », *Journal of Experimental Psychology*, septembre 2014, 20(3), doi: 10.1037/xap0000024.

26. https://www.glassdoor.com/press/glassdoor-survey-reveals-average-american-employee-takes-earned-vacationpaid-time-61-report-working-vacation/.

27. deBloom, J., Geurts, S. & Kompier, M., « Vacation (after-) effects on employee health and wellbeing, and the role of vacation activities, experiences and sleep », *Journal of Happiness Studies*, avril 2013, 14(2), https://doi.org/10.1007/ s10902-012-9345-3.

28. Mostofsky, E., Rice, M.S. *et al.*, « Habitual coffee consumption and risk of heart failure: A dose-response meta-analysis », *Circulation: Heart Failure*, juillet 2012, 5(4), pp. 401-5.

29. Hedström, A.K., Mowry, E.M. *et al.*, « High consumption of coffee is associated with decreased multiple sclerosis risk », *Journal of Neurology Neurosurgery and Psychiatry*, mars 2016, doi:10.1136/jnnp-2015-312176.

30. Rosendahl, A.H., Perks, C.M., Zeng, L. *et al.*, « Caffeine and caffeic acid inhibit growth and modify estrogen receptor and insulin-like growth factor/Receptor levels in human breast cancer », *Clinical Cancer Research*, mars 2015, doi:10.1158/1078-0432.CCR-14-1748.

31. Gottman, J.M. & Levenson, R.W., « A two-factor model for predicting when a couple will divorce » *Family Processes Journal*, 41(1), 2002, pp. 83-96.

32. The Knot 2015 Real Weddings Survey.

33. Francis, A.M. & Mialon, H.M., « "A diamond is forever" and other fairy tales: The relationship between wedding expenses and marriage duration », septembre 2014, disponible au SSRN, https://ssrn.com/abstract=2501480.

34. Morrison, M. & Roese, N.J., « Regrets of the typical American: Findings from a nationally representative sample », *SAGE Journal, Social Psychological and Personality Science*, 2(6), mars 2011.

35. Sylva, K., Melhuish, E., Sammons, P., Siraj-Blatchford, I. & Taggart, B. « Early childhood matters: evidence from the effective preschool and primary education project », Oxford, Routledge, 2010.

36. Caldera, Y.M., O'Brian *et al.*, « Children's play preferences, construction play with blocks, and visual-spatial skills: Are they related? », *International Journal of Behavioural Development*, 1999, 23(4), pp. 855-72.

37. Nolan, G., McFarland, A., Zajicek, J. & Waliczek, T., « The effects of nutrition education and gardening on attitudes, preferences and knowledge of Minority Second to Fifth Graders in the Rio Grande valley toward fruit and vegetables », *HortTechnology*, juin 2012, 22(3), pp.299-304.

38. Sherwin, J.C., Reacher, M.H., Keogh, R.H. *et al.*, « The association between time spent outdoors and myopia in children and adolescents », *Ophthalmology*, octobre 2012, 119(10), pp. 2141-2151.

39. Blackwell, S., « Impacts of long-term forest school programmes on children's resilience, con dence and wellbeing »,*Wordpress*, juin 2016.

40. Suggate, S.P., Schaughency, E.A. & Reese, E., « Children learning to read later catch up to children reading

earlier », *Early Childhood Research Quarterly*, 28(1), 2013, pp.33-48.

41. Wikipedia : https://en.wikipedia.org/wiki/ Hen_%28pronoun%29.
42. Anik, L., Aknin, L.B., Norton, M.I. & Dunn, E.W., « Feeling good about giving: The benefits (and costs) of self-interested charitable behavior », Harvard Business School, 2009.
43. Wike, R., Stokes B., & Simmons K., « Europeans fear wave of refugees will mean more terrorism, fewer jobs », *Pew Research Center*, juillet 2016.
44. « Reducing wasted food and packaging: A guide for food services and restaurants », United States Environmental Protection Agency, 2015.
45. Eurostat, communiqué, février 2016, http://www.sweden.se.
46. Palmer, J., Terry, N. & Pope, P., « How much energy could be saved by making small changes to everyday household behaviours? », *Cambridge Architectural Research*, novembre 2012.
47. « Goodnight light bulb: The Swedish Energy Agency's guide to the new light », *Energimyndigheten*, mars 2011.
48. Office of Communications (Ofcom) « The UK Communications Market Report », août 2008.
49. C0337 Energy Saving Trust « At Home with Water », juillet 2013.
50. Foekema, H., van Thiel, L., Lettinga, B., Watergebruik Thuis, 2007 [en néerlandais], « Vewin–Vereniging van waterbedrijven in Nederland », Amsterdam, 2008.
51. Paul Scheckel, *Home Energy Pros*, juin 2016.
52. Pimentel, D. & Pimentel, M., « Sustainability of meat-based and plant-based diets and the environment », *The American Journal of Clinical Nutrition*, septembre 2003, 78(3), 660S-663S.
53. United States Environmental Protection Agency, 2014.
54. Xylia, M. & Silveira, S., « On the road to fossil-free public transport: The case of Swedish bus fleets », *Energy Policy*, février 2016, https://doi.org/10.1016/j.enpol.2016.02.024.

Crédits photographiques

p. 62 : © Blake Lisk/Unsplash
p. 65 : © Megan Lewis/Unsplash
p. 66 : © Sandis Helvigs/Unsplash
p. 70 : © plainpicture/Johner/Platform
p. 72 : © Glen Jackson/Unsplash
p. 75 : © Cala Maffia/Unsplash
p. 78 : © Matthew Kane/Unsplash
p. 80-1 : © Folio Images/Alamy Stock Photo
p. 83 : © StockSnap/Unsplash
p. 84 : © I M Priscilla/Unsplash
p. 86 : © Cameron Stow/Unsplash
p. 88 : © plainpicture/LPF
p. 91 : © Anh Phan/Unsplash
p. 93 : © Sarah Dorweiler/Unsplash
p. 95 : © Cerys Lowe/Unsplash
p. 96 : © Iris Juana/Unsplash
p. 99 : © plainpicture/Westend 61/Uwe Umstatter
p. 101 : © Brooke Lark/Unsplash
p. 105 : © plainpicture/Johner/Johan Alp
p. 108 : © Niki Brantmark
p. 110 : © I M Priscilla/Unsplash
p. 113 : © Andrew Neel/Unsplash
p. 115 : © StockSnap/Unsplash
p. 117 : © Volkan Olmez/Unsplash
p. 121 : © plainpicture/Stephanie Neumann
p. 122 : © Thomas Barwick/Getty Images
p. 129 : © Loli Clement/Unsplash
p. 134 : © Brooke Lark/Unsplash
p. 136-7 : © Eli Defaria/Unsplash
p. 139 : © Maskot/Getty Images
p. 147 : © Jordan Siemens/Getty Images
p. 149 : © Omar Lopez/Unsplash
p. 152 : © Ben Rosett/Unsplash
p. 155 : © Cultura Exclusive/Moof/Getty Images
p. 157 : © Caleb Jones/Unsplash
p. 162 : © Lotte Meijer/Unsplash
p. 167 : © plainpicture/Reilike Landen
p. 168 : © Caleb Jones/Unsplash
p. 171 : © Kris Atomic/Unsplash
p. 173 : © plainpicture/Cultura/Aliyev Alexei Sergeevich
p. 177 : © Jim Hughes/Getty Images
p. 181 : © Alona Kraft/Unsplash
p. 183 : © plainpicture/Johner/Anna Skoog
p. 186 : © plainpicture/Cultura/jf
p. 189 : © Alisa Anton/Unsplash
p. 193 : © plainpicture/Johner/Pernilla Head
p. 199 : © Jordan Sanchez/Unsplash
p. 201 : © Leonardo Wong/Unsplash
p. 202 : © plainpicture/Folio Images/Lina Ostling
p. 207 : © Benjamin Combs/Unsplash
p. 209 : © Kristina M M/Unsplash
p. 210 : © Maskot/Getty Images
p. 215 : © Kaufman Mercantile/Unsplash
p. 217 : © Eli Defaria/Unsplash
p. 219 : © Bonnie Kittle/Unsplash
p. 221 : © Brad Huchteman/Unsplash
p. 229 : © Westend61/Getty Images
p. 230 : © Karsten Wurth/Unsplash
p. 233 : © Thought Catalog/Unsplash
p. 235 : © Maria Orlova/Unsplash
p. 236 : © Sabri Tuzcu/Unsplash
p. 241 : © Shutterstock.com
p. 243 : © Kelly Sikkema/Unsplash
p. 245 : © Niki Brantmark
p. 246 : © plainpicture/Westend61/Mandy Reschke
p. 249 : © plainpicture/Image Source/ BRETT STEVENS
p. 251 : © Jennifer Pallian/Unsplash
p. 253 : © plainpicture/Image Source/ Heather Binns
p. 257 : © Hero Images/Getty Images
p. 259 : © Karyn Millet/Alamy Stock Photo
p. 260 : © plainpicture/Maskot
p. 266 : © Shutterstock.com
p. 269 : © Sagar Rana/Unsplash
p. 272 : © Brad Neathery/Unsplash
p. 275 : © Bart Jaillet/Unsplash
p. 276 : © Annie Spratt/Unsplash
p. 279 : © Olliss/Unsplash
p. 281 : © Angeli Lundblad/Unsplash
p. 282 : © Alejandro Escamilla/Unsplash

Composition : Anne Krawczyk
Edité par HarperCollins France
Achevé d'imprimer en octobre 2017

Dépôt légal : novembre 2017
Imprimé en Espagne par Graficas Estella